Zen in einer Schale Tee

Jana und Dietrich Roloff

Zen in einer Schale Tee

Einführung in die japanische Teezeremonie

Lotos Verlag
Lotos ist ein Verlag des Verlagshauses
Ullstein Heyne List GmbH & Co. KG

ISBN 3-7787-8154-5

Copyright © 2003 by
Ullstein Heyne List GmbH & Co. KG, München
Alle Rechte sind vorbehalten. Printed in Germany.
Gestaltung, Satz und Einband:
Privatakademie Leonardo, Hamburg
Lithografie: Franzis print & media, München
Herstellung: Helga Schörnig
Druck und Bindung: Bosch Druck, Ergolding

Hiroyo Nakamoto
Stephan Schuhmacher
Ueda Sôshi

gewidmet

Der einen verdanken wir den Teeweg,
der andere hat diesem Buch den Weg bereitet,
der Dritte hat als Großmeister uns wohlwollendste
Förderung angedeihen lassen.

Inhalt

Folgen eines Sommertages	9
Von Geishas und *Gaijin*	15
Glaubensstreitigkeiten	21
Viereinhalb Stunden für eine Schale Tee	27
Chaji – die Teezusammenkunft	30
Stufen der Ehrerbietung	63
Ausgang ins Freie	71
Eine kleine Geschichte der Teezeremonie	79
Wie alles begann	81
Shoin no cha – der »Tee im Schreibzimmer«	86
Vollendung zum *wabicha*	88
Und darüber hinaus: *Daimyôcha* – der »Tee der Landesfürsten«	98
Teeweg und Zen – ein einziger Geschmack	107
Spurensuche	109

Das Zeugnis der alten Meister	126
Kein Gast und kein Gastgeber	138

Schönheit und Stille — 143

Wabi-sabi – die Anmutung des Schlichten, Unvollkommenen, Vergänglichen	143
Erfindung der Abgeschiedenheit	150
Die Sprache der Gefäße	161

Teezeremonie – Erfahrung eines neuartigen Glücks — 185

Zitatnachweise	193
Bildnachweise	194
Teeschulen in Deutschland	195
Einheimische Teekeramik	197
Weitere Literatur zur Teezeremonie	198
Verzeichnis der japanischen Begriffe	201
Erläuterung zu den Schriftzeichen *cha no yu*	217
Danksagung	221
Über die Autoren	223

Folgen eines Sommertages

Juli 1994, Stadtpark Hannover, in sommerliches Licht getaucht: Vor einem schlichten, weit geöffneten Teehaus zelebriert eine junge Japanerin an einem schwarzen Lacktisch eine Teezeremonie. Vor ihr, in Stuhlreihen gestaffelt, eine bunt gemischte Gruppe regloser Zuschauer. Schweigen, untermalt von leisem Rauschen der Bäume und vereinzeltem Vogelruf. Mit einem gesammelten Ernst, der so gar nicht zur Anmut ihres Gesichtes zu passen scheint, eines Gesichtes, das uns Zuschauern doch wohl eher ein freundliches Lächeln schenken sollte, vollführt die junge, dezent geschminkte Frau in gemessener Langsamkeit einen Tanz der Hände und Handlungen. Gleichmäßig und elegant fließen die Bewegungen dahin. Ruhe strahlen sie aus, und es ist wie ein Sog, der die ungeteilte Aufmerksamkeit der Zuschauer in den Ablauf des scheinbar so alltäglichen Geschehens hineinzieht: Da wird, auf höchst umständliche Weise, eine Schale Tee zubereitet und von einer weiteren Japanerin einem Gast aus der ersten Reihe dargereicht. Immer noch ernsten Gesichtes, allenfalls mit dem Anflug eines zarten Lächelns, erkundigt sich die Teemeisterin, ob das vermutlich fremdartige Getränk dem Gast auch zusagt. Dann wiederholt sich nahezu der gesamte bisherige Ablauf für die Zubereitung einer zweiten Schale Tee. Mit einer weiteren komplexen Folge gekonnter, im Höchstmaß stilisierter Handlungen wird die Zeremonie zum Ende geführt, und mit einer diskreten Verbeugung, immer noch in feierlichem Ernst, verabschiedet sich die Teemeisterin und zieht sich ins Teehaus zurück.

Ich (das heißt, der ältere und männliche Teil des Verfasserteams) war fasziniert, ich hatte dergleichen noch nie gesehen. Die Versunkenheit dieser jungen Frau in die von ihr vollzogenen Handlungen, der harmonische Fluss ihrer Bewegungen, die Schönheit der Gesten, die Eleganz der Choreographie, die dem Tanz ihrer Hände zugrunde lag, der tiefe innere Frieden, den die Performance ausstrahlte – für mich war schlagartig klar: »Das hier ist Zen, ist in Bewegung umgesetzte, waschechte Zen-Meditation.« Ich hatte zu jener Zeit bereits acht, neun Jahre Zen praktiziert und mich auch schon, von Eugen Herrigels allbekanntem Buch »Zen in der Kunst des Bogenschießens« angelockt, dem Kyûdô, dem »Weg des Bogens« zugewandt. Dabei freilich hatte ich erfahren müssen, dass es mit dem von Herrigel so emphatisch herausgestellten Zen-Geist nicht weit her ist; dass das japanische Bogenschießen hierzulande vor allem als Wettkampfsport betrieben wird, bei dem es um überlegene Technik, um maximale Trefferquoten, kurz, um Sieg oder Niederlage bei Ausscheidungswettkämpfen geht. Hier aber, bei dieser Teezeremonie, gibt es keine Gewinner und Verlierer, gibt es sicherlich auch unterschiedliche Grade des Könnens; doch das allein Entscheidende ist die Versenkung in den Vollzug des Rituals, das Sich-selbst-Vergessen, das in ein Meer des Friedens zu münden scheint. Und noch etwas stand augenblicklich für mich fest:

»Das hier musst du lernen, unbedingt.« Ich war, wie gesagt, an jenem Sommernachmittag ein völlig unbeschriebenes Blatt, was den Chadô, den »Weg des Tees« betraf. Erst einige Jahre später, als ich mich auch mit der Theorie des Teeweges intensiver zu beschäftigen begann, fand ich meinen ersten Eindruck durch ein Zitat eines der wichtigsten Teemeister der Vergangenheit bestätigt: *cha zen ichimi*, so hatte es Sen no Sôtan in der ersten Hälfte des 17. Jahrhunderts formuliert: »Teezeremonie und Zen – ein einziger Geschmack.« Und diese griffige Formel wurde für mich zur Devise all meiner weiteren Bemühungen auf dem Weg des Tees.

Doch bis zu einer vom Geist der Zen-Meditation erfüllten Ausübung der Teezeremonie war es noch ein weiter Weg. Zunächst einmal hieß es: üben, üben, üben. Ich nahm so oft in der Woche Unterricht, wie es der Terminkalender der jungen Teemeisterin, die alsbald meine Lehrerin wurde, erlaubte. Jeder einzelne Handgriff, anfangs mit geradezu peinigender Unbeholfenheit ausgeführt, musste erlernt und die einzelnen Segmente der gesamten Performance zu einem schlüssigen und bruchlosen Ganzen zusammengefügt werden: Keine der vielfältigen Aktionen zu vergessen, alle ineinander greifenden Details in der korrekten Reihenfolge auszuführen, das war für lange Zeit mein vorrangiges Übungsziel. Von einem gleichmäßigen Fluss der Bewegungen, von Eleganz und Leichtigkeit der Ausführung, von selbstvergessener Versunkenheit konnte fürs Erste keine Rede sein. Stattdessen herrschten ständige Kontrolle jeder einzelnen Handbewegung vor, schmerzliches Innehalten, immer wiederkehrendes Grübeln: »Was kommt jetzt?«, »Wie war das noch, so oder so?« Erst allmählich stellte sich ein frei fließendes Geschehen ein. Zwar lässt sich auch noch nach vielen Jahren die Eleganz einer jeden einzelnen Aktion weiter steigern (und wann wäre dem ein Ende gesetzt?). Doch irgendwann war es so weit, dass der Durchgang durch das Ritual keiner bewussten Kontrolle mehr bedurfte, sich vielmehr wie von selbst vollzog: Nicht der Ausführende gestaltet das Ritual, sondern der Ablauf gestaltet sich selbst und führt dem Ausübenden die Hände. Damit war endlich ein Stadium tatsächlichen Sich-selbst-Vergessens, tatsächlicher Versunkenheit erreicht. Und seither bedeutet mir die Ausübung einer Teezeremonie immer wieder die beglückende Erfahrung frei strömender Lebendigkeit, einer paradoxen inneren Freiheit und Leichtigkeit, die zu dem starren und komplexen Regelwerk, dem ich mich von Anfang an habe unterwerfen müssen, in krassestem Gegensatz steht.

Dass das Ritual einer Teezeremonie zumindest ein Gefühl tiefer Ruhe und inneren Friedens vermittelt, bleibt nicht auf den Ausübenden beschränkt. Diese Erfahrung teilt sich auch dem »bloßen« Zuschauer, erst recht dem unmittelbar Teilnehmenden mit, auch einem, der zuvor von Teezeremonie nichts gewusst, auch einem, der nicht schon längst mit Zen-Meditation mehr oder weniger innige Bekanntschaft gemacht hat. So bekommen wir (und das betrifft nunmehr beide Verfasser gleichermaßen) nach unseren Vorführungen immer wieder von Teilnehmern zu hören: »Zu Beginn war ich noch mit allem Möglichen beschäftigt; aber dann bin ich innerlich ganz ruhig geworden«, »Eine friedliche, wohltuende Stille, alle Sorgen fallen ab«. Auch für uns selbst hat es stets etwas Beglückendes an sich, anderen Menschen wenigstens eine Ahnung davon zu vermitteln, dass in der Tat »Teezeremonie und Zen ein einziger Geschmack« sind. So sind wir heute an dem Punkt angelangt, wo wir mit dem vorliegenden Buch über die Grenzen unserer eigenen Teeschule hinaus ganz allgemein für die japanische Teezeremonie im deutschsprachigen Raum werben wollen: Dieses Buch, hervorgegangen aus unserer Homepage, wendet sich nicht nur an diejenigen, die, durch solche Lektüre angeregt, vielleicht den Wunsch verspüren, irgendwo in Deutschland, in der Schweiz oder in Österreich selber die Teezeremonie zu erlernen und dereinst mit eigener Könnerschaft zu praktizieren, sondern ebenso an alle, denen es genügt, sich hin und wieder als Teilnehmer, als Gäste in den Sog dieses befreienden Rituals hineinziehen zu lassen.

Vor allem aber verfolgen wir das Ziel, dem Geist des Zen innerhalb der Teezeremonie wieder zu größerem Gewicht zu verhelfen. Das ist durchaus kein müßiges Unterfangen, hat doch schon ein Kenner wie Yanagi Sôetsu in seiner postum veröffentlichten Aufsatzsammlung »The Unknown Craftsman«[1] die Feststellung getroffen: »Nicht alle Schüler des Tees sind sich dessen [heute noch] bewusst, aber es war das Ideal der [Tee-]Zeremonie, dass ihr Geist mit dem Geist des Zen ganz und gar übereinstimmen sollte.«[2] Und in der Tat, weder in Japan noch bei uns im Westen ist bei landläufigen Teezeremonie-Veranstaltungen noch viel vom Zen-Geist, von Meditation, von Versenkung zu spüren. Doch davon im Folgenden mehr.

Von Geishas und *Gaijin*

Immer wieder treffen wir bei Teilnehmern unserer Vorführungen auf die Ansicht, Teezeremonie sei doch eigentlich eine Sache der Geishas, jener exotisch-bunt kostümierten, maskenhaft geschminkten jungen Damen, wie man sie aus Film und Fernsehen kennt, wenn sie hochgestellten oder auch ganz gewöhnlichen Exemplaren der Gattung Mann lächelnd eine Schale Tee servieren, mit vollendeter Anmut und dahinschmelzend in Ehrerbietung. Angesichts solcher Vorstellungen kann man kaum ernst bleiben. Selbstverständlich gehen derlei Assoziationen, die die Teezeremonie mit exotischen Schönheiten in der Rolle beflissener Dienerinnen verbinden, an der Sache völlig vorbei, ja sie stellen geradezu eine Verzerrung ins Groteske dar. Denn eine Teezeremonie ist etwas völlig anderes als eine gelegentliche Zusammenkunft, bei der in heiter-angenehmer, leicht erotisierter Atmosphäre Tee getrunken wird. Teezeremonie ist auch mehr als nur die Kunst eines noch so hoch verfeinerten Zeitvertreibs. Sie ist vielmehr, genau wie die anderen »Wege«, der bereits erwähnte »Weg des Bogens«, der »Weg des Schwertes«, der »Weg der Schrift« oder der »Weg der Blumen«, ein Schulungsweg, ein lebenslanges Bemühen, das nicht nur auf eine immer weitere

Vervollkommnung von Fertigkeiten abzielt, sondern auf eine grundsätzliche Änderung der gesamten Lebensführung, eine auch in der äußeren Form konkreten Verhaltens sichtbar werdende geläuterte Geisteshaltung Mensch und Welt gegenüber.

Wer sich als *chajin*, als »Mensch des Tees«, auf den Teeweg *(chadô)* begibt, lässt sich darauf ein, durch fortwährende, disziplinierte Arbeit an sich selbst einem Ideal näher zu kommen, das ihn aus den Niederungen gewöhnlicher Lebensziele heraushebt: Nicht Macht und Besitz, nicht Geltung, Statussymbole und luxuriöser Lebensstil machen das erfüllte Leben für den *chajin* aus, sondern Achtsamkeit im Umgang mit den Dingen, Gewissenhaftigkeit im eigenen Tun, auch im Ästhetischen, Sensibilität für das Wohlergehen anderer und ein gelassenes Zurücknehmen seiner selbst, die beglückende Erfahrung, immer wieder das eigene Bemühen durch die Zufriedenheit der Teegäste belohnt zu sehen, mit ihnen Stunden der Harmonie, der gegenseitigen Wertschätzung und der Stille des Herzens zu teilen.

Bei unseren Teeveranstaltungen treffen wir regelmäßig auf eine weitere, nicht minder irrige Annahme, nach der die Teezeremonie – die Japaner sagen *cha no yu* – eine geschlechtsspezifische Angelegenheit sei. Je nachdem, wer von uns beiden die Ausführung des Rituals übernommen hat, heißt es anschließend entweder: »Eigentlich habe ich gedacht, dass eine Teezeremonie nur von Frauen ausgeübt wird«, oder im Gegenteil: »Ich dachte immer, Frauen dürften Teezeremonien grundsätzlich nicht betreiben.« In der Tat, jahrhundertelang ist die Teezeremonie in Japan eine Domäne der Männer gewesen; Frauen, von kaiserlichen Prinzessinnen und Töchtern der *Shôgune* abgesehen, die die Teezeremonie sogar höchstpersönlich zelebriert haben, waren nicht einmal als Gäste zugelassen. Dass heutzutage der gegenteilige Eindruck entstehen kann, Teezeremonie sei im Gegenteil eine ausschließliche Angelegenheit von Frauen, hat einen doppelten Grund: Zum einen mag es so sein, dass in Film- und Fernsehszenen sowie bei öffentlichen Vorführungen in Museen, japanischen Gärten oder Teehäusern wie denen in Hannover oder München häufig weibliche und nur weibliche Teemeister auftreten. Und zum anderen gilt: Den japanischen Durchschnittsmann nehmen die vielfachen Pflichten und Zwänge seines Berufslebens derart – und nahezu vollständig – in Anspruch, dass ihm zum Erlernen der Teezeremonie keine Zeit bleibt; allenfalls als Rentner kann er sich diesem »Hobby« widmen, doch für eine Karriere als Teemeister ist es dann zu spät. (Sicherlich gibt es auch Ausnahmen: die wenigen Männer, die die Teezeremonie zu ihrem Broterwerb machen oder gar – noch weit seltener – in die Rolle eines zukünftigen Großmeisters, des erblichen Oberhaupts einer Teeschule, hineingeboren werden.) So sind es, zumindest seit der Mitte des vorigen Jahrhunderts, in der Regel Frauen einer bestimmten Gesellschaftsschicht, die Zeit und Muße finden (und über die nötigen materiellen Voraussetzungen verfügen), den langwierigen Weg der Ausbildung zum Teelehrer – nur wir »Westler« sprechen immer von Teemeister und -meisterin, die Japaner selber nicht – hinter sich zu bringen. Aber Teezeremonie als Weg, zumal als Weg einer spirituellen Transformation, ist selbstverständlich ein geschlechtsübergreifendes Ideal, und wie beispielshalber im Zen-Buddhismus das Jahrhunderte gültige Klischee, der Weg der Erleuchtung sei Frauen grundsätzlich verschlossen, längst ad acta gelegt ist, so wäre es töricht, behaupten zu wollen, die volle Meisterschaft in der Teezeremonie sei einem der beiden Geschlechter vorbehalten.

Ein drittes Vorurteil, diesmal aufseiten derer, die von japanischer Teezeremonie immerhin schon genauere, wenn auch immer noch oberflächliche Kenntnis haben, und eines, das der Einbürgerung des Teeweges in Deutschland möglicherweise ernsthaft entgegensteht, geht dahin, dass eine »richtige« Teezeremonie nur von japanischen Teemeistern oder Teemeisterinnen geleistet werden könne. Doch auch diese bisweilen mit überraschender Hartnäckigkeit vertretene Einschätzung lässt sich leicht widerlegen. Und zwar durch Berufung auf eine Autorität, die über jeden Zweifel erhaben ist: Sen no Sôshitsu XV., der vorige Großmeister der Urasenke-Schule. In einem autobiografisch ausgerichteten Text mit dem programmatischen Titel »Der Geist des Tees weht weltweit« schreibt das zum 1. Januar 2003 zugunsten seines Nachfolgers Sen no Sôshi XVI. zurück-getretene Oberhaupt der weltweit größten Teeschule:

> »Glücklicherweise ist es dahin gekommen, dass der Geist des Tees auch von Menschen außerhalb Japans sehr wohl verstanden wird. Zwar pflegen Japaner sich zuweilen dahingehend zu äußern, dass es für *gaijin*, für Nicht-Japaner also, die es nicht einmal fertig bringen, richtig auf einer Reisstrohmatte zu sitzen, schlechterdings unmöglich sei, den Weg des Tees angemessen zu beschreiten.
> Doch der Teeweg kennt keinen Unterschied zwischen Japanern und Nicht-Japanern; der einzige Unterschied,

den es beim Teeweg gibt, ist der, ob der Betreffende ein *chajin*, ein ›Mensch des Tees‹ ist oder nicht. Ich weiß aus eigener Erfahrung, dass es so und nicht anders ist ...
Zwar hat jeder Japaner, der in der Tradition der japanischen Kultur aufgewachsen ist, gewisse Züge eines Teemenschen. Doch gemessen an der Tiefe des Verständnisses für den Teeweg, das Menschen anderer Länder nicht selten an den Tag legen, habe ich so meine Zweifel, wie weit das Verständnis für den Weg des Tees bei den heutigen Japanern tatsächlich reicht.«[3]

Da steht es schwarz auf weiß: Es kann gar keine Rede davon sein, dass ein *gaijin*, ein Brite, ein Franzose, ein Deutscher, nicht in der Lage sein sollte, korrekte, »authentische« Teezeremonie zu betreiben, wenn er denn nur ein *chajin*, ein Mensch des Teeweges ist. Vom »Geist des Tees« spricht Sen no Sôshitsu und von der »Tiefe des Verständnisses«; aber was ist dieser »Geist des Tees« und was das richtige, das hinreichend »tiefe Verständnis«? Gibt es so etwas wie die »richtige« Teezeremonie, im Unterschied zu Abwegen und Verfallsformen?

Glaubensstreitigkeiten

Macht es Sinn, von einer »authentischen«, einer in der rechten Weise ausgeführten Teezeremonie zu reden, und falls ja, was hätten wir dann darunter zu verstehen? So viel vorweg: Die Teezeremonie, wie sie sich heute von Japan aus über die ganze Welt verbreitet, hat so viele Facetten und hat in ihrer langen und wechselvollen Geschichte so viele Wandlungen durchgemacht und sich in so viele Stilrichtungen aufgespaltet, dass diese Frage nicht leichthin zu beantworten ist.

Da sind auf der einen Seite öffentliche Vorführungen, die eben nur Vorführungen und streng genommen gar keine Teezeremonien sind, weil letztere ein von Gastgeber und Gästen gemeinsam zu vollführendes Ritual darstellen, was bei öffentlichen Vorführungen schon daran scheitert, dass die Gäste keine Mitwirkenden, sondern nur Zuschauer, allenfalls Empfänger einer Schale Tee sind. Und auf der anderen Seite sind da die *chaji*, die formellen Teeveranstaltungen mit bis zu fünf geladenen Gästen, die in der Regel auch selbst Teezeremonien betreiben und daher das komplizierte Regelwerk beherrschen, dem eine solche Zusammenkunft unterliegt. Und erst die Ausrichtung derartiger *chaji* bildet in der Teeausbildung Abschluss und Höhepunkt zugleich. – Wie dürfte daher jemand, der in Deutschland oder sonst wo lediglich einem Teemeister, einer Teemeisterin bei einer öffentlichen Vorführung – und sei es noch so gebannt – zugeschaut hat, zu Recht davon ausgehen, er habe eine authentische Teezeremonie erlebt?

Und weiter: In der Vergangenheit, bei den Shôgunen und reichen Kaufleuten der Muromachi-Zeit (1334–1573) und später auch bei den Tokugawa-Shôgunen und ihren Vasallen, den *Daimyô* der Edo-Zeit (1615–1868), ist eine Teezeremonie eine Sache luxuriösen Kunstgenusses gewesen: Man häufte kostbares Teegerät und erlesene Kalligraphien und Tuschmalereien an, vor allem chinesische, versteht sich, um sie bei Teezusammenkünften vor einer kleinen Schar gleich gesinnter Connaisseure zu präsentieren beziehungsweise als Gast seine einschlägige Kennerschaft unter Beweis zu stellen: Können und sollen derartige Gepflogenheiten auch heute noch als Vorbild und Maßstab, gar als authentische Teezeremonie gelten? (Und wer, außer einigen wohlhabenden Sammlern, verfügt heutzutage über Kunstwerke solchen Ranges, die ansonsten nur noch in den großen Museen vornehmlich Japans zu bestaunen sind?)

Oder haben wir dann authentische Teezeremonien vor uns, wenn sie – in bewusster Entgegensetzung zum geschilderten Kunstgenuss der Mächtigen und Reichen – statt in großflächigen und eleganten Wohnräumen nunmehr in strohgedeckten Lehmhütten zelebriert und die kostbaren chinesischen Gefäße durch einheimische oder koreanische Keramik ersetzt werden, die man vielfach nur als kunstlos und grobschlächtig bezeichnen kann? Und wenn die Teezeremonie in solchem den Behausungen buddhistischer Einsiedler nachempfundenen Ambiente und unter Verzicht auf alles Prächtige und Prätentiöse als Einkehr zu innerem Frieden, zu Selbstvergessenheit und Ruhe des Geistes, als gemeinsame spirituelle Transformation betrieben wird? Wenn wir uns also an A. L. Sadler und seine Feststellung halten: »Teezeremonie sollte in vollkommenem Schweigen vollzogen werden!«[4], und wenn wir damit den meditativen Charakter der Teezeremonie in den Vordergrund rücken?

So viel immerhin ist sicher (und wird von keinem Kenner der Materie bestritten): Die Teezeremonie hat sich im Laufe ihrer mehr als 500-jährigen Geschichte immer wieder an neue gesellschaftliche Rahmenbedingungen anpassen und dabei auf eine Vielzahl unterschiedlicher Zielsetzungen ausrichten müssen. Andererseits liegt es auf der Hand, dass das Dreigestirn der großen Teemeister, die der Teezeremonie ihre auch heute noch gültige und zudem schulübergreifende Gestalt gegeben haben, nämlich Murata Jukô, Takeno Jôô und Sen no Rikyû, praktizierende Zen-Buddhisten gewesen sind und sich alle drei im Daitokuji, dem »Tempel der Großen Tugend« zu Kyôto, einer langjährigen Zen-Schulung unterzogen haben. So ist es nur folgerichtig, wenn sie den Teeweg, das lebenslange Bemühen um die Teezeremonie, als einen »WEG der spirituellen Erweckung und Verwirklichung« verstanden und gestaltet haben, wie wir im *Nambôroku*, den »Aufzeichnungen des Mönches Nambô«, lesen können, eines Rikyû-Schülers, der seinen Meister dahin gehend zitiert, dass die Teekunst vor allem Schulung und Verwirklichung des WEGES im Geiste des Buddhismus sei. (Nebenbei bemerkt: Das groß geschriebene Wort »WEG« verweist allemal auf den Begriff des DAO, und das meint im Zusammenhang des Zen-

Buddhismus stets das Streben nach Erleuchtung und ein Leben aus Erleuchtung.)

Heute ist Zen-Buddhismus in der Welt der Teezeremonie nur noch in Resten lebendig. Lediglich für zukünftige Großmeister gehört ein längerer Aufenthalt in einem Zen-Kloster noch als unverzichtbarer Bestandteil zu ihrer langjährigen Ausbildung. Doch ansonsten ist es jedem einzelnen Adepten des Teeweges freigestellt, ob und wie weit er sich auch auf den Zen-Weg begibt. Und uns scheint, dass ein solches spirituelles Training eher die Ausnahme ist. Auch in der konkreten Praxis der Teezeremonie gibt es vieles, was dem Geist der Stille, wie er für das Zen so charakteristisch ist, durchaus zuwiderläuft. Um nur zwei Beispiele anzudeuten: die obligatorische Fragerei nach jedem, aber auch jedem der benutzten Geräte (»Was hat es mit diesem, was mit jenem Stück auf sich?«) oder das geschäftige Hin und Her all der zumeist weiblichen Helfer, die bei Großveranstaltungen Tee und Süßigkeiten an die Scharen der Gäste verteilen.

Sicherlich ist die Teezeremonie auch im heutigen Japan mehr als nur ein geselliger und zugleich höchst kunstvoller Zeitvertreib; sicherlich wird das Erlernen und Ausüben der Teezeremonie auch heute noch als Teeweg verstanden, als lebenslange Bemühung, und ist dem *chajin*, dem »Menschen des Teeweges«, ein hohes Ziel gesteckt, nämlich das Ideal eines Menschen, der sich selbst zurücknimmt und sein ganzes Können und seine uneingeschränkte Aufmerksamkeit in den Dienst einer Gastlichkeit stellt, die ausschließlich das Wohl der Gäste, und zwar als rundum ungetrübtes Wohlbefinden, im Auge hat. Ein solcher von Demut und Ehrerbietung getragener Dienst an den anderen hat seine

Wurzeln freilich eher im Konfuzianismus als im (Zen-)Buddhismus und ist demgemäß auf einen durch und durch verfeinerten, ausschließlich weltlich-diesseitigen Genuss und nicht auf das spirituelle Ziel buddhistischer Erleuchtung hin angelegt.

So ergibt sich als Fazit: Wenn wir denn schon nach so etwas wie einer authentischen Teezeremonie Ausschau halten, dann sollten wir vor allem zu dem zurückkehren, was die großen Teemeister des 15. und 16. Jahrhunderts, des »heroischen Zeitalters« der Teezeremonie, gewollt haben: eine vom Geist des Zen-Buddhismus erfüllte, aufs Spirituelle ausgerichtete Teezeremonie. Und eine solche Form der Teezeremonie zu propagieren ist die eindeutige Absicht dieses Buches.

Zunächst einmal sind allerdings einige, und nicht gerade wenige, sachbezogene Informationen erforderlich: Was geht da eigentlich vor sich, bei der Teezeremonie?

Viereinhalb Stunden
für eine Schale Tee

Stellen Sie sich vor, Sie befänden sich in Kyôto, der klassischen Stadt der Teezeremonie, und seien als einziger und zudem ahnungsloser Europäer zusammen mit drei, vier Japaner/innen zu einer Teezeremonie eingeladen: Wenn Sie alle der Reihe nach den Teeraum betreten, einer einsamen Kalligraphie sowie einem gusseisernen Kessel, in dem über glühender Holzkohle Wasser leise vor sich hin summt, Ihre Reverenz erwiesen und auf den nackten Reisstrohmatten Platz genommen haben, öffnet sich eine Tür, der Gastgeber erscheint kniend in der Türöffnung, begrüßt mit formvollendeter Verbeugung die Gäste und – füllt zunächst einmal neue Holzkohle nach. Dann serviert er ein überaus wohlschmeckendes, mehrgängiges Mahl, zu dem reichlich Sake gereicht wird, und nach einer »Umbau-Pause« (während derer die Kalligraphie durch ein Blumengesteck, häufig nur eine einzige, erst halb geöffnete Blüte, ersetzt wird) beginnt endlich die eigentliche Teezeremonie. Zugleich steht Ihnen die größte Überraschung der ganzen Veranstaltung bevor: Nach langwierigen einleitenden Säuberungen der zu benutzenden Gerätschaften wird ein dickflüssiger Teebrei angerührt, den der Gastgeber Ihnen mit den Worten reicht: »Diese eine Schale ist für Sie alle gedacht!« Und dann müssen Sie der Reihe nach ein, zwei Schlucke dieser breiartigen Masse zu sich nehmen. Ihre japanischen Nachbarn rechts und links tun das mit sichtlichem Behagen; Sie selbst haben erst einmal mit sich zu kämpfen, bevor sie zum ersten Schluck ansetzen, und dann übertrifft der fremdartige Geschmack Ihre schlimmsten Befürchtungen! Nach diesem – zumindest für Sie zweifelhaften – Genuss wird sodann nicht einfach abgeräumt, vielmehr unterzieht der Gastgeber zuvor alle benutzten Gerätschaften einer erneuten und gründlichen Reinigung und stellt sie, mit Ausnahme der Teeschale, den Gästen zum Anschauen hin. Nach einem kurzen Zwischenspiel, bei dem die im Teeraum verbliebenen Stücke hinausgetragen und ein weiteres Mal Süßigkeiten gereicht werden, betritt der Gastgeber, zum vierten und letzten Akt der Darbietung, abermals den Teeraum und bereitet jetzt endlich – wiederum nach einleitenden Reinigungsritualen, die fast so umständlich sind wie zuvor – etwas zu, das sich am ehesten mit Ihrem Verständnis von Getränk vereinbaren lässt: einen dünnflüssigen, allerdings schaumig geschlagenen Tee, der nunmehr jedem Gast einzeln serviert wird. Danach müssen die Gerätschaften abermals, nicht anders als bei der Zubereitung des Teebreis, bevor sie den Gästen zum Betrachten überlassen werden, eine neuerliche Reinigung über sich ergehen lassen. Und ehe der Gastgeber beim Hinaustragen auch dieser Stücke die nur für ihn reservierte Tür zum letzten Mal hinter sich schließt, verabschiedet er sich mit einer knappen Verbeugung von den Gästen.

– Vieles ist bei dieser vorläufigen Schilderung beiseite gelassen; nur so viel noch: Zusammen mit den anderen Gästen verlassen Sie schweigend Teehaus und -garten, nicht ohne vorher im Teeraum dem Blumengesteck und dem Heißwasserkessel noch einmal Ihre achtsame Aufmerksamkeit bezeugt zu haben. Bedanken können Sie sich am nächsten Tag: brieflich, am Telefon, per E-Mail. Hier in Deutschland wird Ihnen bei einer Teezeremonie in der Regel nur der vierte Akt geboten; wenn Sie Glück haben mit einem kleinen Essen vorweg. Eine vollständige Teezeremonie wie die hier skizzenhaft angedeutete werden Sie vermutlich nur miterleben können, wenn Sie als Schüler des Teeweges Mitglied einer der auch in Deutschland vertretenen japanischen Teeschulen sind.

Chaji – die Teezusammenkunft

Teezeremonie, das ist – weniger salopp und mit mehr Details beschrieben – das japanische Gesamtkunstwerk schlechthin. Umfasst sie doch, gleichsam von außen nach innen, die Künste der Gartengestaltung, der Architektur, der Kalligraphie und Tuschmalerei, des Blumen-Arrangements, des Metallgusses, der Lackarbeit und Lackmalerei, des Bambusschnitzens und der Keramik, Letztere mit dem Herzstück des Ganzen, der Teeschale oder *chawan*. Nicht zuletzt auch ein Gesamtkunstwerk, das von Gastgeber und Gästen gemeinsam realisiert wird, und zwar als ein jeweils einmaliges, unwiederholbares Ereignis.

Eine »richtige« Teezeremonie *(chaji)* findet in einem Teehaus oder Teepavillon statt, einem schlichten, aufgeständerten Holzbau, ursprünglich reetgedeckt, mit Wänden aus Lehm und Bambusgitterfenstern. Das Teehaus ist von einem Teegarten umgeben, der in einen äußeren und inneren Bereich gegliedert ist. Der äußere bietet den Gästen vor Beginn der Veranstaltung einen überdachten Platz zum Warten, und der innere umschließt das Teehaus, das er zugleich den Blicken der wartenden Gäste weitgehend entzieht.

Teehaus Enshô [»Ferne Glocke«], Ueda-Sôko-Schule,
Hiroshima; frühe Edo-Zeit

Vorbereitungen

Dem Eintreffen der Gäste gehen aufseiten des Gastgebers umfängliche Vorbereitungen voraus. Das beginnt mit einer schriftlichen Einladung an die Gäste, zwischen drei und fünf Personen. Diese Einladung enthält außer der Angabe von Zeit und Ort auch die Namen aller anderen Gäste, die Reihenfolge ihrer Platzierung im Teehaus, die Nennung des Ehrengastes, den Anlass der Teezusammenkunft sowie die Angabe, was für eine Zeremonie die Gäste erwartet. Üblicherweise begeben sich die Gäste, nachdem sie die Einladung erhalten haben, zum Haus des Gastgebers, um sich für die Ehre dieser Einladung zu bedanken.

Die geladenen Gäste müssen sich untereinander nicht kennen, um gemeinsam an einer Teezeremonie teilzunehmen; aber der Gastgeber wird bei der Zusammenstellung der Gästeliste darauf achten, dass sich unter den Anwesenden eine harmonische Atmosphäre als Voraussetzung jedweden Gelingens wie von selbst entwickeln kann.

Die eigentlichen Vorbereitungen des Gastgebers setzen spätestens am Vortag ein: Der Teegarten muss gesäubert, etwaiges Unkraut gejätet werden; es gilt die Trittsteine zu fegen und das steinerne Handwaschbecken auszuspülen. Der Teeraum selbst wird gleichfalls schon am Vortag gründlich gereinigt, ungeachtet dessen, dass er kurz vor dem Eintreffen der Gäste noch einmal ausgefegt werden muss. Des Weiteren hat der Gastgeber das Menü für das Tee-Essen *(kaiseki)* zusammenzustellen, er muss die Zutaten einkaufen, die einzelnen Speisen zubereiten (er kann auch einen Koch engagieren, der sich auf die Zubereitung von *kaiseki* spezialisiert hat), er muss die passenden Lacktabletts, Deckelschalen und -becher, Fischteller, Sake- und Wasserkannen, Reis- und Gemüseschüsseln bereitstellen, kurz, alles für das Auftragen der einzelnen Gänge des Tee-Essens vorbereiten. Das korrekte Servieren gehört nämlich ebenso zu den Pflichten des Gastgebers wie die äußerste Sorgfalt beim Zusammenstellen und Zubereiten der Speisen. So unterschiedlich die verschiedenen Arten von *kaiseki* auch sein mögen, allemal bilden Reis, *Miso*-Suppe und Fisch die wesentlichen Bestandteile. (Ursprünglich war das Tee-Essen eine kleine Mahlzeit, nicht mehr als diese drei Speisen, vielleicht statt des Fisches ein schlichtes Gemüse, alles auf ein und demselben Tablett serviert, eine Mahlzeit, die dazu diente, die Mägen der Gäste auf den Teebrei vorzubereiten, den auf nüchternen Magen zu genießen bei manch einem Gast zu Unwohlsein führt. Heutzutage kann ein *kaiseki* hingegen bis zu zwölf Gänge umfassen.)

Die Vorbereitungen des Gastgebers reichen aber noch weiter: Für die eigentliche Teezeremonie, die Zubereitung des Teebreis *(koicha)* und des »dünnen Tees« *(usucha)*, hat der Gastgeber sämtliche erforderlichen Teegeräte zu säubern, die beiden unterschiedlichen Arten von Teepulver zu sieben und in die zugehörigen Teepulver-Behälter einzufüllen, das Pulver für den Teebrei in ein kleines Keramikgefäß mit Elfenbein- oder Holzdeckel *(chaire)*, das Pulver für den dünnen Tee in eine kleine, gleichfalls geschlossene Lackdose *(natsume)*. Der Gastgeber muss die Süßigkeiten, die zum Tee gereicht werden, auf einem passenden Lacktablett oder Keramikteller zurechtlegen, eine geeignete, dem Anlass entsprechende Kalligraphie auswählen und in der Bildnische aufhängen sowie geeignete Blumen für den Teeraum auswählen und in einer Boden- oder Hängevase sparsam arrangieren. Des Weiteren muss er in der Feuerstelle ein Holzkohlefeuer entzünden (denn zumindest in Japan wird das Wasser für den Tee nach wie vor mit Holzkohle erhitzt), und zwar so rechtzeitig, dass das Wasser beim Eintreffen der Gäste bereits sein spezifisches summendes Geräusch ertönen lässt. Im Sommer wird der Gastgeber außerdem kurz vor dem Erscheinen der Gäste noch das Eingangstor und den Zugang seines Hauses mit Wasser besprengen, um seinen Gästen schon beim Betreten des Anwesens ein angenehmes Gefühl von Frische und Kühle zu vermitteln.

All diese mannigfachen Vorbereitungen sind für den Gastgeber keine lästige Pflicht, die er rasch erledigt, weil sie nun einmal unumgänglich sind; sie dienen auch dazu, ihn selbst auf das kommende Ereignis einzustimmen und in einen Zustand freudiger Erwartung zu versetzen.

Die Gäste, die etwa 15 Minuten vor der festgesetzten Zeit erscheinen, versammeln sich zunächst in einem Warteraum, in dem ihnen ein Helfer des Gastgebers in kleinen Porzellanschälchen heißes Wasser zum Trinken anbietet; anschließend begeben sie sich gemeinsam auf einem Pfad aus Trittsteinen zum Teegarten und nehmen in dessen äußerem Bereich auf der bereits erwähnten Wartebank Platz. Falls es auf dem Weg dorthin Abzweigungen gibt, die von den Gästen nicht begangen werden sollen, hat der Gastgeber spezielle, mit einer Schnur umwickelte Steine als Absperrung ausgelegt.

Nachdem die Gäste genügend Zeit gefunden haben, sich

auf der Bank des äußeren Teegartens auf das Kommende einzustimmen, können sie den Gastgeber dabei beobachten, wie er frisches Wasser in das Handwaschbecken füllt und anschließend an das Tor herantritt, das den inneren vom äußeren Teegarten trennt, um seine Gäste mit einer wortlosen Verbeugung zu begrüßen. Die Gäste haben sich ebenfalls zu dem Tor begeben und erwidern die Begrüßung. Nachdem sie sich noch einmal für eine kurze Weile auf der Wartebank niedergelassen haben, um dem Gastgeber Zeit zu lassen, sich in das Teehaus zurückzuziehen, erheben sie sich erneut, betreten durch das Tor den inneren Teegarten und folgen dem vorgegebenen Pfad. Vor dem steinernen Waschbecken, an dem die Trittsteine sie vorbeiführen, knien sie nieder, entnehmen ein oder zwei Schöpfkellen voll Wasser, lassen es über die Hände fließen und spülen sich den Mund aus: eine rituelle Handlung, die zugleich auch eine innere Reinigung symbolisiert. Die nächste Station ist eine kleine, in die Erde versenkte Abfallgrube, die die Gäste zu kurzem Innehalten nötigt: Ihr Blick fällt auf ein paar vertrocknete Blüten oder abgefallene Blätter, die anzeigen, dass der Gastgeber den Teegarten gründlich gesäubert hat, und die überdies als Aufforderung verstanden werden wollen, vor dem Betreten des Teehauses auch allen Müll und Abfall des Geistes, erst recht alle unreinen Gedanken in dieser Grube zurückzulassen. Über die letzten Trittsteine erreichen die Gäste den Eingang des Teehauses, den sie als weitere stumme Einladung einen Spalt breit geöffnet finden.

Nacheinander rutschen die Gäste auf den Knien und tief gebückt durch diesen Eingang, dessen Öffnung gerade einmal 60 mal 65 Zentimeter ausmacht. Dahinter finden sie sich in einem so gut wie schmucklosen Raum wieder, den Boden mit Reisstrohmatten *(tatami)* bedeckt, die Lehmwände unverputzt, die tragenden Hölzer als Wandgliederung deutlich sichtbar, in die Wände eingelassene, unregelmäßig verteilte und unterschiedlich große, mit Papier bespannte Fenster, die Decke (manchmal schließt auch die Dachkonstruktion den Raum nach oben hin ab) aus Bambusgeflecht oder anderen naturbelassenen Paneelen: Bei dieser spezifischen, gewollt einfachen und zugleich hochartifiziellen Architektur haben die Einsiedlerhütten buddhistischer Mönche Pate gestanden.

In der Reihenfolge ihres Hineinrutschens wenden sich die Gäste (der Gastgeber bleibt vorerst in einem kleinen Vorbereitungsraum unsichtbar) der Bildnische zu, in der eine Kalligraphie oder Tuschmalerei sowie, auf einem kleinen, kostbaren Seidengeviert hingestellt, eine zierliche, oftmals reich verzierte Dose mit Räucherwerk ihre Aufmerksamkeit auf sich ziehen. Kalligraphie und Räucherdose sind der einzige Schmuck innerhalb des ansonsten kargen Teeraumes. Wenn die Gäste der Reihe nach in ehrfürchtiger Verbeugung und stiller Konzentration die Kalligraphie auf sich haben wirken lassen, wechseln sie zur Feuerstelle hinüber, einem bronzenen oder gusseisernen Holzkohlebecken oder einer in den Boden eingelassenen feuerfesten Mulde, wo über glühender Holzkohle in einem ebenfalls gusseisernen Kessel das siedende Wasser mit seinem verhaltenen Geräusch den »Wind in den Kiefern« nachahmt – schließlich haben die Vorbilder des Teehauses einst in den zumeist kieferbewachsenen Bergen

Interieur des Teehauses *Enshô*: Blick auf die eingelassene Feuerstelle (für die kalte Jahreshälfte) mit Heißwasserkessel *(kama)*

abseits aller menschlichen Behausungen gestanden. Der oftmals jahrhundertealte Kessel mit dem sanft siedenden Wasser verlangt von den Gästen die gleiche ehrfürchtige Aufmerksamkeit wie die Kalligraphie, bei der es ja nicht nur um die kraftvolle Schönheit der Schriftzüge, sondern noch mehr um den Sinn der betreffenden Schriftzeichen geht, den in sich aufzunehmen die Gäste auf das eigentliche Ziel der Teezusammenkunft vorbereiten soll.

(Im Sommer finden die Gäste das Holzkohlebecken ganz an die Wand gerückt und damit so weit wie möglich von ihren Plätzen entfernt. Wird es im Herbst allmählich kühler, stellt der Gastgeber das Becken etwas näher zu den Gästen hin. Im Winter ist die wärmende Feuerstelle den Gästen am nächsten, aber nicht mehr als tragbares Gerät, das auf den Reisstrohmatten ruht, sondern in den Boden eingesenkt, damit der oben darauf stehende Wasserkessel *(kama)* den Gästen nicht die Sicht auf die Verrichtungen des Gastgebers versperrt. Im Frühling schließlich hat der *kama* zwar immer noch in dieser Vertiefung seinen Platz, doch jetzt an einer Eisenkette über dem Holzkohlefeuer schwebend, um dem heißen Wasser als zusätzlicher Wärmequelle etwas von seiner Abstrahlung zu nehmen.)

Der Gastgeber bleibt, wie bereits erwähnt, zunächst einmal unsichtbar. Erst wenn die Gäste nach dem stillen Betrachten der Kalligraphie und des *kama* ihre – ihnen schon mit der Einladung zugewiesenen – Plätze eingenommen haben (der Erste oder Ehrengast sitzt, vom Platz des Gastgebers aus gesehen, auf der gegenüberliegenden Gästematte ganz links, ein durch besonderen Rang hervorgehobener Gast sogar noch weiter links, quer zum Gastgeber) und alle Geräusche verstummt sind (eine Unterhaltung der Gäste untereinander findet nicht statt), erscheint der Gastgeber in einer für ihn reservierten Tür und begrüßt – diesmal mit Worten – die Gäste, die, wie er selbst, im Fersensitz vor ihm auf den Reisstrohmatten knien, und bedankt sich für ihr Erscheinen. Die Gäste ihrerseits bedanken sich noch einmal (beim ersten Mal haben sie den Gastgeber ja eigens zu diesem Zweck bereits zu Hause aufgesucht) für die ehrenvolle Einladung. Jetzt endlich kann die Teeveranstaltung beginnen.

Überraschungen am Wegesrand (1)

Ein Spinnennetz

Ein Samurai, dessen Name hier nicht von Belang ist, hatte einmal die Vorbereitungen für eine Teezusammenkunft, zu der hohe Gäste eingeladen waren, insbesondere die gründliche Säuberung von Teehaus und Teegarten, einem seiner Pagen übertragen. Als der Gastgeber an dem Durchlass zum äußeren Garten erschien, in dem sich die Gäste längst versammelt hatten, und sie mit einer Entschuldigung, er habe seine werten Gäste ungebührlich lange warten lassen, zum Nähertreten auffordern wollte, verfing er sich in einem Spinnengewebe, das er mit einer unwirschen Handbewegung beiseite wischte. Dem angesprochenen Ehrengast wurde schlagartig bewusst, dass dies – bei dem bekannten Jähzorn des Gastgebers – für den unseligen Pagen den Tod bedeuten musste, und mit einem strahlenden Lächeln erwiderte er die entschuldigenden Worte des Gastgebers mit der Bemerkung: Sie alle, die Gäste, hätten sich keineswegs gelangweilt; ganz im Gegenteil seien sie in den Anblick einer Spinne versunken gewesen, die da vor ihren staunenden Augen ihr kunstvolles Netz gesponnen habe. So sei es ihrer Wahrnehmung ganz entgangen, wie viel Zeit schon seit ihrem Eintreffen verstrichen war. Die Miene des Gastgebers hellte sich sichtbar auf – der Page war gerettet.

Sumidemae – *die Holzkohlenzeremonie,* und kaiseki – *das rituelle Essen*

Eine »richtige« Teezusammenkunft, ein *chaji*, umfasst freilich mehr als nur die Zubereitung einiger Schalen Tee. Als Erstes wird, allerdings nur in der kalten Jahreshälfte (im Sommerhalbjahr dreht sich die Reihenfolge um), als Vorspann sozusagen, in einer förmlichen Zeremonie Holzkohle nachgelegt *(sumidemae)*. Der Gastgeber hebt den Kessel aus der eingesenkten Feuerstelle und stellt ihn auf einen geflochtenen Untersatz, ordnet die noch glühenden Holzkohlestücke neu, korrigiert die Form der Aschemulde, in die die Holzkohle eingebettet ist, und entnimmt einem ebenfalls geflochtenen Korb weitere Holzkohlestücke, die er so zu den noch glimmenden Stücken hinzufügt, dass sich die Glut langsam von einem Stück zum anderen vorarbeiten kann, dabei immer neue Nahrung findet und auf diese Weise für den weiteren Ablauf des *chaji* anhält. Bevor der Gastgeber den Kessel in die Feuerstelle zurücksetzt, kommen die Gäste herangerutscht und betrachten die kunstvolle Anordnung sämtlicher Holzkohlestücke. Der Gastgeber trägt alles, was er für die *sumidemae* benötigt hat, zurück in den Vorbereitungsraum, kehrt mit einem Besen aus Adlerfedern zurück und fegt, schrittweise rückwärts rutschend, die Reisstrohmatte, auf der er die Holzkohlezeremonie absolviert hat.

Als Nächstes schließt sich das Tee-Essen an, das – wie sollte es anders sein – nach festgelegten Regeln aufgetragen und genossen werden muss. Diese Regeln sind genauso komplex wie die für die eigentliche Teezeremonie. Jeder Gast bekommt ein quadratisches Lacktablett mit zwei Deckelschalen (*Miso*-Suppe und Reis) und einem Teller mit Fisch vor seinen Platz gestellt, und er muss wissen, was er davon zuerst essen darf und was er noch unberührt lässt, wie er die Deckelschalen öffnen und wie und wohin er die Deckel ablegen muss, wie er mit den Stäbchen umzugehen hat, etwa beim Aufnehmen und Absetzen der Schalen, und anderes mehr. Es wird eine Vielzahl von Gängen serviert, die den ganzen Reichtum der japanischen Küche repräsentieren, ein oder zwei Fleischgerichte, eine weitere Suppe mit Einlagen, gedämpftes Gemüse, roher oder geräucherter Fisch, und als Abschluss ein vegetarischer Salat. Doch trotz aller Vorschriften, wie mit den einzelnen Gerichten zu verfahren ist, und trotz allen Bemühens seitens der Gäste, die Regeln einzuhalten, ist die Stimmung während des Essens eher gelöst und durch eine lockere Unterhaltung geprägt, an der sich auch der Gastgeber beteiligt, allerdings nur dann, wenn er mit dem Sakekännchen und den seltsam flachen Sakeschälchen von Gast zu Gast rutscht (selbstverständlich knien alle Anwesenden auch während des Essens auf den nackten Reisstrohmatten) und mit jedem einzelnen seiner Gäste Sake trinkt. Ansonsten nimmt der Gastgeber nicht an dem *kaiseki* teil, sondern wird im Vorbereitungsraum zusammen mit seinem Helfer nur ein paar leicht gewürzte Reisbällchen zu sich nehmen. Haben die Gäste das Essen beendet, reinigen sie Schalen, Deckel und Teller zunächst mit warmem Wasser und eingelegtem Gemüse, Rettichscheiben zum Beispiel, nehmen dann auch dies beides zu sich und wischen zum Schluss die leeren Schalen samt Deckeln und Fischteller mit eigens dafür vorbereiteten Papieren, die sie selbst mitbringen müssen, trocken. (Jeder Gast besitzt nämlich eine kleine Tasche, in der er nicht nur ein kleines weißes Baumwolltuch mit sich führt, mit dem er sich nach der rituellen Reinigung am Handwaschbecken die Hände und den Mund abgetrocknet hat, sondern ebenso eine Vielzahl unterschiedlicher Papiere, die er während des gesamten Ablaufs teils zum Säubern, teils als Unterlage für die Süßigkeiten braucht; außerdem enthält diese Tasche, je nach der angekündigten Zeremonie, ein oder mehrere quadratische Seidentücher, die beim abschließenden Betrachten der Teegeräte als Untersatz benötigt werden.)

Das beschriebene Ritual der Reinigung des Essgeräts, dem Leben in den Zen-Klöstern entnommen, findet seinen Abschluss darin, dass die Gäste ihre Stäbchen gemeinsam und möglichst im selben Augenblick auf die Lacktabletts fallen: lassen als Zeichen für den Gastgeber, dass er nunmehr, Gast für Gast, die Tabletts hinaustragen kann. Mit einer

Lacktabletts für das *kaiseki* mit je einer Deckelschale für Reis (links) und Suppe (rechts) sowie einer Keramikschale für Fisch; dahinter Sakeschälchen auf einem Ständer, Sakekanne und zwei Deckelschalen für weitere Gerichte des *kaiseki*; mittlere Edo-Zeit

Entschuldigung für das »schlichte« Essen lässt der Gastgeber seine Gäste im Teeraum zurück. – Das gesamte *kaiseki* kann sich, je nach Anlass der Teezusammenkunft und der Anzahl der Gänge, bis zu zwei Stunden hinziehen.

Wenn der Gastgeber alle Lacktabletts samt Schalen und Fischteller, alle Schüsseln und sonstigen Gerätschaften zurück in den Vorbereitungsraum getragen hat, serviert er die Süßigkeiten für den Teebrei, den *koicha*. Die Gäste nehmen sich jeder ein Stück, legen es auf das von ihnen mitgebrachte passende Papier, mit dem zusammen sie die Süßigkeit zum Mund führen und sozusagen hinter vorgehaltener Hand zu sich nehmen, bevor sie sich zu einer kleinen Pause auf eine zweite Wartebank begeben, die sich im inneren Teil des Teegartens befindet. Dieser Aufenthalt dient nicht zur Erholung von den Anstrengungen des Essens, sondern dazu, sich nach der entspannten Atmosphäre und der vielleicht sogar heiteren Unterhaltung während des in der Regel vorzüglichen Mahls zu sammeln und auf den Ernst und die Würde der *koicha*-Zeremonie einzustimmen.

Überraschungen am Wegesrand (2)

Blumenkunst

Das Verhältnis zwischen dem Großfürsten Toyotomi Hideyoshi und seinem Haupt-Teemeister Sen no Rikyû war von der Gegensätzlichkeit ihrer Charaktere und ihres Kunstgeschmacks sowie von einer durchgängigen Rivalität bestimmt: Jeder von ihnen versuchte, sich gegenüber dem anderen durchzusetzen und diesen in seine Schranken zu weisen. Zwei bezeichnende Begebenheiten haben geradezu Berühmtheit erlangt:

Hideyoshi ließ einmal seinen Teemeister zu sich rufen, und als Sen no Rikyû den Teeraum betrat, sah er sich einer goldenen, mit Wasser gefüllten flachen Schale sowie einem blühenden Pflaumenzweig gegenüber. Hideyoshi befahl ihm, den Zweig in der Schale zu arrangieren, und wartete voll boshafter Vorfreude auf Rikyûs Scheitern. Doch der nahm gelassen den Pflaumenzweig zur Hand und streifte die Blüten über dem Wasser ab. Der Anblick der auf der Wasserfläche schwimmenden Pflaumenblüten, umschlossen von dem goldenen Gefäß, soll unbeschreiblich schön gewesen sein, und Hideyoshi musste sich geschlagen geben.

Ein andermal hatte Hideyoshi davon gehört, dass in Sen no Rikyûs Teegarten die allgemein bewunderten Winden in volls-

ter Blüte standen. Er lud sich selbst zu einer Teezeremonie ein, um die Pracht in vollen Zügen genießen zu können. Doch wie groß war sein Erstaunen, sein Befremden, als er den Garten betrat und – keine einzige Windenblüte vorfand. Enttäuscht und verärgert betrat er Rikyûs bescheidenen und schlichten Teeraum (er selbst liebte es, Teezeremonie in einem goldenen Pavillon und mit goldenem Gerät zu zelebrieren). Da sah er vor sich in der lehmverputzten Bildnische eine einsame Windenblüte dem Besucher entgegenleuchten. Hideyoshi war, wie es jedem von uns ergangen wäre, von so viel stiller Schönheit schlichtweg überwältigt.

Koicha – *der Teebrei*

Während sich die Gäste auf der Wartebank des inneren Gartens auf die *koicha*-Zeremonie einstimmen, nimmt der Gastgeber im Teeraum die Kalligraphie von der Rückwand der Bildnische und hängt an deren Stelle eine Bambus- oder Keramikvase mit manchmal nur einer einzigen Blume auf und bereitet auch sonst alles für die nun folgende eigentliche Teezeremonie vor. Dabei stellt der erste Teil, die *koicha*-Zeremonie, das Herzstück der gesamten Veranstaltung dar.

Ein Gong, gleichfalls den Zen-Klöstern entlehnt, zeigt den Gästen an, dass es Zeit ist, sich wieder ins Teehaus zu begeben. Das geschieht auf genau die gleiche Art und Weise wie beim ersten Mal, das heißt, die Gäste müssen sich abermals am Handwaschbecken Mund und Hände spülen, bevor sie den Teeraum betreten dürfen, genauer gesagt, auf Händen und Knien hineinrutschen. Dort finden sie, außer den

Veränderungen in der Bildnische, zusätzlich zum Heißwasserkessel ein zweites Gefäß vor, das frisches, kaltes Wasser enthält. Dieses Gefäß, das *mizusashi*, kann wie ein kleiner Zuber aus lackiertem oder sonst wie abgedichtetem Holz aussehen, rund oder viereckig; in der Regel aber handelt es sich um ein Deckelgefäß aus Keramik. Vor dem *mizusashi* steht, in einen kostbaren Seidenbeutel gehüllt, die kleine Keramikdose *(chaire)*, die das *koicha*-Pulver enthält. Wieder knien die Gäste vor der Bildnische nieder und betrachten ehrfurchtsvoll die einsame Blume (besonders beliebt ist eine Knospe, die sich gerade erst öffnet, etwa die einer strahlend weißen Kamelie: Sinnbild des Buddha Amitâbha und seines »Lotos-Landes« – aber davon später); anschließend wenden sich die Gäste der Reihe nach den beiden Gefäßen für das heiße und das kalte Wasser zu, denen sie ebenso ihre Aufmerksamkeit erweisen wie der *chaire* in ihrem Seidenbeutel.

Jetzt wiederholt sich dasselbe Ritual wie zu Beginn des *chaji*: Erst wenn die Gäste auf ihren Plätzen sitzen, wieder im Fersensitz, versteht sich, und alle Geräusche verstummt sind (gesprochen wird ohnehin nicht), erst dann erscheint der Gastgeber in der Tür, die den Vorbereitungsraum vom Teeraum abtrennt, und verbeugt sich zur wortlosen Begrüßung; allenfalls fällt eine formelhafte Äußerung, die den Beginn der Zeremonie anzeigt. Dann trägt der Gastgeber zuerst die Teeschale herein, in der sich ein kleines weißes Baumwolltuch zum Reinigen, ein Bambusteelöffel und ein kleiner Bambusbesen befinden. Damit kniet er vor dem *mizusashi* nieder, setzt die *chaire* ein wenig zur Seite und stellt die Teeschale in symmetrischer Anordnung daneben. In den Vorbereitungsraum zurückgekehrt, bringt der Gastgeber von dort ein ganz schlichtes Gefäß für das Spülwasser, einen Untersetzer für den *kama*-Deckel und eine Bambusschöpfkelle mit in den Teeraum. Schräg vor der versenkten Feuerstelle kniend, den Gästen halb zugewandt (was hier beschrieben wird, ist eine Winterveranstaltung), beginnt der Gastgeber die Teezubereitung, indem er zunächst die *chaire* aus dem Seidenbeutel herausnimmt, mit einem schlichten Seidentuch, das er im Gürtel trägt, reinigt und vor das Kaltwassergefäß zurückstellt, den Teelöffel, ebenfalls mit genau vorgeschriebenen Bewegungen, reinigt, schräg auf der *chaire* ablegt und den Teebesen daneben stellt. Die bisherigen Reinigungshandlungen haben ebenso wie die noch folgenden rein rituellen Charakter; denn sämtliche Geräte sind – wie bereits unter den Vorbereitungen des Gastgebers erwähnt – schon vor Beginn des *chaji* gründlich gesäubert worden. Das kleine weiße Baumwolltuch wird auf dem Deckel des geschlossenen *mizusashi* abgelegt.

Sodann nimmt der Gastgeber die Bambusschöpfkelle zur Hand, öffnet den Heißwasserkessel und legt dessen Deckel auf dem Untersetzer ab, einem aus Bambus geschnitzten Ständer, der eigens dazu dient, den heißen und auf der Unterseite feuchten Deckel nicht mit der Reisstrohmatte in Berührung kommen zu lassen. In die Teeschale oder *chawan* wird nunmehr heißes Wasser eingefüllt, das der Gastgeber aus dem *kama* geschöpft hat, und darin der Teebesen unter vielfachen Drehungen gesäubert. Dieses heiße Wasser wird anschließend dazu benutzt, die Teeschale unter mehrmaligem Schwenken auszuspülen, ehe der Gastgeber es in das Spülwassergefäß ausgießt. Jetzt kann er endlich die *chawan* mit dem kleinen Baumwolltuch auswischen und damit das einlei-

Frischwassergefäß *(mizusashi)* mit Teepulverbehälter *(chaire)*, beides Momoyama-Zeit, samt aufgelegtem Teelöffel und Teebesen: Die abweichende Anordnung ergibt sich aus der besonderen Gestaltung des Gastgeberplatzes

tende Reinigungsritual abschließen. Der Gastgeber nimmt daraufhin den Teelöffel und die *chaire* auf und füllt für jeden Gast drei gehäufte Löffel eines kostbaren Pulvers aus fein gemahlenen Teeblättern in die *chawan*, gießt ein wenig Wasser darüber und beginnt, beides mit dem Bambusbesen langsam zu einer sämigen Masse zu verrühren. Erst nachdem noch ein zweites Mal Wasser hinzugegeben worden ist, lässt sich diese Masse zu einem fließfähigen Brei von dunkelgrüner Farbe verrühren, der allen Gästen gemeinsam serviert wird: Diese eine Schale, nicht einmal zur Hälfte gefüllt mit Teebrei, für den *chajin* die höchste Köstlichkeit, ist Mittel- und Höhepunkt zugleich; die gesamte Veranstaltung ist auf diesen Moment hin angelegt, da den erwartungsvoll und andächtig zuschauenden Gästen der *koicha* zubereitet und vorgesetzt wird.

Diese eine Schale wandert von Gast zu Gast: Jeder trinkt zwei, drei kleine Schlucke, reinigt die Stelle, wo der Teebrei zum Rand hin geflossen ist, mit kleinen Stücken Papier, die er eigens zu diesem Zweck mitgebracht hat, und reicht die *chawan* so an den nächsten Gast weiter, dass dieser, wenn er die Regeln für das Entgegennehmen und formgerechte Ansetzen der Teeschale befolgt, an genau derselben Stelle trinkt wie sein Vorgänger. So weist die Teeschale, wenn sie zum Schluss dem Gastgeber zurückgereicht wird, an nur einer einzigen, zudem schmalen Stelle eine Verlaufsspur von dunkelgrünem Teebrei auf. (Dieses gemeinsame Trinken aus ein und derselben Schale ist gleichfalls dem Leben in den Zen-Klöstern entlehnt und dient hier wie dort der Intensivierung des Zusammengehörigkeitsgefühls.)

Die Schale mit dem fertigen Tee ist selbstverständlich zuerst dem Ehrengast gereicht worden, und nach dessen erstem

Teeschale *Satemo* [»wahrlich«], rotes *Raku*, ein Alterswerk des Schulgründers Ueda Sôko, frühe Edo-Zeit

Schluck hat sich der Gastgeber erkundigt, ob der Tee auch zusagt. Diese Frage ist mit einer stummen, gleichwohl zustimmenden Verbeugung beantwortet worden. Nachdem der Erste Gast die Schale weitergereicht hat (sie ist währenddessen noch zwischen den weiteren Gästen unterwegs), bereitet sich der Gastgeber darauf vor, die Fragen des Ersten Gastes nach Art und Herkunft des Tees, den er für die heutige Zusammenkunft ausgewählt hat, zu beantworten. Anschließend wird nunmehr endlich auch das *mizusashi* geöffnet und ein Schöpfkelle kalten Wassers in das heiße Wasser des *kama* nachgefüllt; das geschieht mit einer großen, getragenen Bewegung, die den nicht unerheblichen Abstand zwischen dem Kaltwassergefäß und dem in die Feuerstelle eingesenkten *kama* überbrückt.

Wenn auch der letzte Gast seinen Anteil am Teebrei getrunken hat, reicht er die Schale nach besonders gründlicher Reinigung an den Ersten Gast zurück, und der Reihe nach nehmen alle Anwesenden die *chawan* noch einmal in die Hände, um sie genauer zu betrachten; das geschieht nicht nur aus Interesse an der *chawan* als Kunstgegenstand, es ist zugleich auch Ausdruck des Respekts, den die Gäste der Teeschale und damit auch dem Gastgeber entgegenbringen. Der letzte Gast trägt die *chawan* zum Platz des Gastgebers zurück und stellt sie auf der Reisstrohmatte ab.

Nachdem der Gastgeber die Teeschale wieder an sich genommen hat, gibt er mit einer weiteren Verbeugung dem Ersten Gast Gelegenheit, sich auch nach Art und Herkunft der *chawan* zu erkundigen. Danach wäscht er sie mit einem Gemisch aus heißem und kaltem Wasser gründlich aus, geht zu abschließenden und mehr als nur rituellen Reinigungen des Teebesens und Teelöffels über und ordnet sie samt dem weißen Baumwolltuch auf dieselbe Weise in beziehungsweise auf der Teeschale an, wie er sie zu Beginn der *koicha*-Zeremonie zusammen mit der *chawan* in den Teeraum gebracht hat. Auch das Anfangsarrangement von Teeschale und *chaire* vor dem Kaltwassergefäß kehrt zum Abschluss wieder. Als Letztes bleibt dem Gastgeber noch, die beiden Gefäße für das Heiß- und das Kaltwasser zu schließen.

Und doch ist auch das noch keineswegs das Ende einer *koicha*-Zeremonie: Die Gäste bitten darum – und das ist durchaus ein fester Bestandteil des gesamten Rituals –, die *chaire*, den Seidenbeutel, in den sie zu Anfang gehüllt war, sowie den Teelöffel näher in Augenschein nehmen zu dürfen (die *chawan* bleibt dabei unerwähnt, weil sie ja bereits eingehend betrachtet wurde). Der Gastgeber entspricht selbstverständlich dieser Bitte, doch statt die drei Stücke kurzerhand den Gästen hinzustellen, unterzieht er sie einer abermaligen, nun wieder rein rituellen Reinigung, bevor er sie auf der angrenzenden Reisstrohmatte nebeneinander auslegt. Jetzt erst trägt der Gastgeber die übrigen Gerätschaften, und das sind das Spülwassergefäß samt Wasserschöpfkelle und *kama*-Deckeluntersatz sowie die Teeschale samt Bambusbesen und Baumwolltuch in den Vorbereitungsraum, die *mizuya*, hinaus. Wenn er dann noch das Wasser im Kaltwassergefäß wieder aufgefüllt hat, schließt der Gastgeber nach dem erneuten Verlassen des Teeraumes die Tür zur *mizuya* hinter sich, damit die Gäste sich ungestört dem Betrachten der für sie ausgelegten Stücke überlassen können. Auch dieses Betrachten erfolgt nach festen Regeln, die zumindest der Erste Gast beherrschen muss (bei der Auswahl der einzuladenden Gäste spielt das eine entscheidende Rolle). Wenn die Gäste die *chaire*, den Seidenbeutel und den Teelöffel zum Platz des Gastgebers zurückgebracht haben, kommt dieser wieder in den Teeraum zurück, um auch diese drei Dinge hinauszutragen. Der Gastgeber schließt die Tür der *mizuya* hinter sich, und damit ist das Hauptstück des *chaji* beendet. Die gesamte *koicha*-Zeremonie ist unter andächtigem Schweigen vollzogen worden, nur von wenigen formelhaften Sätzen sowie den Erkundigungsfragen unterbrochen, die die Gäste schon im Mittelteil der Zeremonie und erst recht nach dem Betrachten der drei ihnen nachträglich präsentierten Gegenstände an den Gastgeber gerichtet haben. So ist die Atmosphäre während einer *koicha*-Zeremonie von feierlichem Ernst erfüllt.

Überraschungen am Wegesrand (3)

Die Fallgrube

Es gab da in Kyôto einen Mann, der für seine manchmal recht derben Späße auf Kosten anderer bekannt war. Dieser Mann hatte es bei einer Tee-Einladung an Sen no Rikyû so eingerichtet, dass der große Teemeister bei seinem korrekten Eintreffen das Teehaus verschlossen fand; auch vom Gastgeber war ringsum nichts zu sehen. Als Sen no Rikyû – und genau das hatte der Witzbold erwartet – sich daranmachte, nach dem Gastgeber zu suchen, trat er hinter einer kleinen Pforte, die vom Teegarten aus Zugang zum übrigen Anwesen gewährte, in eine sorgfältig abgedeckte und eigens für ihn vorbereitete Fallgrube – und das, obwohl er von dritter Seite aufs Genaueste vorgewarnt war. Mit gespielter Überraschung und Besorgnis trat der Gastgeber hinzu, half Sen no Rikyû, der sich zwar nicht verletzt, wohl aber im feuchten Erdreich ziemlich beschmutzt hatte, aus dem Loch und führte ihn ins Wohnhaus, wo – wie rein zufällig – alles für ein reinigendes und erfrischendes Bad zubereitet war. Anschließend bewirtete der Witzbold seinen Gast mit erlesener Höflichkeit, und so wurde gerade dieses Teetreffen für beide eine rundum gelungene Zusammenkunft.

Schülern gegenüber erläuterte Sen no Rikyû sein Verhalten später so, dass es zu den grundlegenden Pflichten eines

Gastes gehöre, den Wünschen des Gastgebers zu entsprechen, weil doch ohne harmonische Übereinstimmung zwischen beiden eine Teezusammenkunft nicht gelingen könne, dass solches Sich-Fügen jedoch nichts mit Unterwürfigkeit oder gar Servilität zu tun habe, wie häufig behauptet werde. Schließlich, so dürfen wir ergänzen, verlangt die angestrebte Harmonie ebenso, dass umgekehrt auch der Gastgeber sich den Erwartungen seiner Gäste anpasst.

Usucha – *der dünne Tee*

Nach einem kurzen Zwischenspiel, bei dem der Gastgeber oder sein Helfer nach dem Holzkohlefeuer schaut und, falls nötig, ein oder zwei Stücke nachlegt, freilich ohne das große Zeremoniell zu Beginn des *chaji*, folgt der letzte Teil der Teezusammenkunft, die Zubereitung des dünnen Tees, so dünnflüssig, wie wir es von den uns vertrauten grünen oder schwarzen Blatttees gewohnt sind, nur dass man keine Teeblätter, sondern, wie beim *koicha*, ein Teepulver (ein nicht ganz so kostbares) verwendet. Diese *usucha*-Zeremonie, in Japan so etwas wie ein Ausklang der Teezusammenkunft, ist zugleich das, was hier im Westen, wenn überhaupt, als *die* Teezeremonie bekannt ist. Die Gerätschaften sind annähernd die gleichen, nur dass die *chaire* als Behälter für das Teepulver durch eine kleine, unverhüllte Lackdose, die *natsume*, ersetzt ist. Auch der Ablauf entspricht weitgehend dem einer *koicha*-Zeremonie, von den rituellen Reinigungen der Gerätschaften zu Beginn bis hin zum Betrachten der Teedose und des Teelöffels durch die Gäste gegen Schluss (wieder bleibt dabei

Aus Bambus geschnitzter Teelöffel, eine Arbeit des Teemeisters und Ueda-Sôko-Lehrers Furuta Oribe, samt gleichfalls aus Bambus gefertigtem Behälter; Momoyama-Zeit

die Teeschale ausgespart, und zwar deshalb, weil jeder Gast sie sich nach dem Trinken bereits ausführlich angeschaut hat). Ein Unterschied freilich besteht, ein entscheidender zudem: Der *usucha* wird für jeden Gast gesondert zubereitet, also Schale für Schale, wobei allerdings der Gastgeber immer wieder dieselbe, freilich zwischendurch gesäuberte *chawan* benutzt. Gewöhnlich wird nach dem ersten Durchgang jedem Gast noch eine zweite Portion angeboten.

Einige Details seien hier noch ausdrücklich hervorgehoben: Beim dünnen Tee werden nur zwei Löffelspitzen Teepulver aus der *natsume* in die *chawan* gegeben, danach – bei einer Sommerzeremonie – zunächst eine Schöpfkelle voll kalten Wassers aus dem *mizusashi* in den offenen *kama* eingefüllt, um die Temperatur ein wenig abzusenken und zugleich dem Summton des köchelnden Wassers, dem »Wind in den Kiefern«, einen anderen Klang zu verleihen, und gleich anschließend, wenn das vorherige Summen zurückgekehrt ist, etwa zwei Drittel der Schöpfkelle voll heißen Wassers auf das Teepulver gegossen. Dieses Gemisch wird mit dem Teebesen so lange geschlagen, bis sich auf der Oberfläche des Tees eine satte Schicht leuchtend grünen Schaums gebildet hat, der den Geschmack nicht unwesentlich steigert. Der Gastgeber hebt die Schale an, prüft, ob ihm der Tee gelungen ist, und stellt die *chawan* mit einer leichten Drehung der Hand auf der nächsten Reisstrohmatte ab. Dieser Tee ist allein dem Ersten oder Ehrengast zugedacht.

Wenn der Erste Gast seinen Tee getrunken, danach die Schale ausführlich betrachtet und dem Gastgeber zurückgereicht und dieser unterdessen den *kama* mit kaltem Wasser aus dem *mizusashi* wieder aufgefüllt hat, wird auf die gleiche

Weise und mit derselben Abfolge der Einzelaktionen der Tee für den nächsten Gast zubereitet. Das Ausspülen der *chawan* mit heißem Wasser, das Sauberwischen mittels des weißen Baumwolltuchs, das Einfüllen des Teepulvers, kaltes Wasser in den *kama* und dann heißes auf den Tee, das Schaumigschlagen desselben – all das wiederholt sich Gast für Gast.

Mittlerweile haben alle Gäste ihren Tee bekommen. Der Erste Gast erkundigt sich bei seinen Mitgästen, ob noch ein weiterer Tee gewünscht wird. In der Regel erfolgt Zustimmung, und der Erste Gast äußert die Bitte, allen Gästen noch eine zweite Schale Tee zuzubereiten. Nach diesem neuerlichen Durchgang erfolgen die gleichen abschließenden Reinigungshandlungen wie beim *koicha*, nur dass die *chawan* diesmal nicht mit der Hand ausgewaschen, sondern nur mit heißem Wasser geschwenkt wird. Auch für die *usucha*-Zeremonie gilt, dass zum Schluss Teeschale und Teedose in der gleichen symmetrischen Anordnung wie zu Beginn vor dem *mizusashi* stehen, Heißwasserkessel und Kaltwassergefäß wieder geschlossen sind und die Schöpfkelle erneut ihren Platz auf dem Bambusständer eingenommen hat. Es folgt noch, geradeso wie bei der *koicha*-Zeremonie, das Ritual des Betrachtens, mit dem kleinen Unterschied, dass diesmal nur zwei Stücke, die *natsume* und der Teelöffel, zu besichtigen und mit der gleichen Ehrfurcht wie die drei *koicha*-Utensilien zu behandeln sind.

Während der gesamten *usucha*-Zeremonie ist die Stimmung gelöster als beim *koicha*, die Gäste dürfen sich jetzt auch wieder mit dem Gastgeber unterhalten, doch die vielen Regeln, die genauso kompliziert sind wie bei der *koicha*-Zeremonie, verhindern, dass das Gespräch ins Alltägliche abgleitet. Es wäre wohl nicht falsch zu sagen, dass mit dem Flüssigerwerden des Tees auch die Atmosphäre von einer streng feierlichen in eine entspanntere, freiere übergeht.

Mit der *usucha*-Zeremonie hat die Teezusammenkunft ihr Ende erreicht. Der Gastgeber verabschiedet sich von den Gästen, die sich ihrerseits für das *chaji* bedanken. Der Gastgeber zieht sich in den Vorbereitungsraum zurück, und die Gäste verlassen, nachdem sie wie beim Betreten des Teeraumes noch einmal vor der Bildnische dem Blumengesteck und auf der Gastgebermatte dem Heißwasserkessel sowie – bei manchen Teeschulen – auch dem Kaltwassergefäß ihre Reverenz erwiesen haben, das Teehaus und kehren, nachdem der letzte Gast die niedrige Schiebetür hinter sich geschlossen hat, auf den Trittsteinen in den Warteraum zurück, den sie bei ihrer Ankunft als Erstes betreten haben. Der Gastgeber, der noch einmal aus dem Teehaus herausgetreten ist, begleitet die Gäste bei ihrem Abgang mit seinen Blicken. Ohne dem Gastgeber danach noch ein weiteres Mal zu begegnen, begeben sich die Gäste nach Hause. Am nächsten Tag sprechen sie dem Gastgeber abermals ihren Dank aus; in früheren Zeiten durch persönliches Erscheinen, heutzutage meist in schriftlicher Form.

In Deutschland lässt sich eine derart aufwendige und voraussetzungsreiche gemeinsame Performance nur im engen Kreis von Teeschülern oder Teemeisterkollegen realisieren. Zumal bei öffentlichen Vorführungen sprechen gleich mehrere Gründe dagegen, eine solche vollständige Teezusammenkunft zu zelebrieren: Die ungeübten Teilnehmer wären kaum in der Lage, die erforderlichen vier bis fünf Stunden auf den Reisstrohmatten zu knien oder zu hocken; es mangelte ihnen überdies an den nötigen Kenntnissen, um insbesondere das rituelle Essen mit einigem Anstand hinter sich zu bringen; und schließlich wäre die Konzentrationsfähigkeit des Neulings angesichts der Fülle des zu Beachtenden wie des zu Beobachtenden schlicht überfordert.

Deshalb beschränkt sich eine Einladung zur Teezeremonie, vor allem aber jede öffentliche Vorführung bei uns in Deutschland zumeist auf nur einen Teil des Gesamtablaufs, in der Regel auf eine *usucha*-Zeremonie; eine *koicha*-Zeremonie bleibt eher der Einladung von Freunden oder anderen Personen vorbehalten, denen man besondere Wertschätzung entgegenbringt und daher eine Auszeichnung erweisen möchte. Selbst in einem solchen Fall dürfte es recht selten vorkommen, dass man auch nur eine *koicha*- und eine *usucha*-Zeremonie zusammen zelebriert, ein *chaji* ohne das einleitende vielgängige Mahl. In Japan wird im Übrigen bei öffentlichen Vorführungen grundsätzlich nur der dünne Tee zubereitet und allen Anwesenden zusammen mit der obligaten Süßigkeit serviert. Das ist, bei zwanzig und mehr Zuschauern, nur so möglich, dass – von zwei, drei Ehrengästen abgesehen – für alle übrigen Gäste der Tee außerhalb des Teeraumes von einer Vielzahl von zumeist weiblichen Helfern angerichtet und dann auf großen Tabletts an die Zuschauer verteilt wird.

Überraschungen am Wegesrand (4)

Eine peinliche Situation

Tokugawa Yorinobu, Sohn des Shôgunat-Begründers Tokugawa Ieyasu, war von seinen Freunden gebeten worden, ihnen bei der nächsten Teezusammenkunft eine berühmte Kalligraphie zu präsentieren, die sich in seinem Besitz befand. Yorinobu willigte gerne ein, doch am verabredeten Tag sah er auf dem Weg zu seinen Gästen bei einem zufälligen Blick in einen Nebenraum besagte Schriftrolle dort auf einem Wandregal ausliegen. Sofort ließ er seinen Teemeister rufen und stellte ihn zur Rede. Der Teemeister gestand seinen Irrtum ein, aber es war zu spät, den Fehler zu korrigieren: Die Gäste hatten sich bereits versammelt und mit Enttäuschung feststellen müssen, dass die Kalligraphie, deretwegen sie gekommen waren, ihnen vorenthalten wurde. Yorinobu rettete die Situation, indem er seinen Gästen durch den Teemeister ausrichten ließ, diese Kalligraphie, aus den Händen seines Vaters Ieyasu entgegengenommen, sei ihm so wertvoll, dass er sie nicht wie jede andere bereits vor Beginn der Teezusammenkunft habe aufhängen wollen; diese Kalligraphie verlange eine besondere Art der Präsentation. Daraufhin ließ er seinen Teemeister die irrtümlich aufgehängte Schriftrolle abnehmen und erschien dann höchstpersönlich mit dem gewünschten Stück, um sie vor den Augen seiner Gäste eigenhändig und feierlich zu entrollen. Alle bewunderten Yorinobu für sein Feingefühl, und niemand ahnte, dass dem Gastgeber eine peinliche Nachlässigkeit unterlaufen war; und bei den Gästen war jedes Gefühl von Enttäuschung oder gar Kränkung verflogen.

Stufen der Ehrerbietung

Alles Bisherige ist eine teils skizzenhafte, teils detaillierte Beschreibung der japanischen Teezeremonie, genauer gesagt, ihres äußeren Ablaufs. Über ihren Geist ist damit nichts gesagt. Nichts auch über die Eleganz der langsam dahingleitenden Bewegungen, mit denen der Gastgeber die Rituale zelebriert, nichts auch über ihre Trance induzierende Wirkung, und nichts über die andächtige Aufmerksamkeit, mit der die Gäste die Aktionen des Gastgebers verfolgen und zugleich ihren eigenen Part in der gemeinsamen Performance ausführen.

Und: Es ist lediglich die Beschreibung einer *koicha-* und einer *usucha-*Zeremonie in ihrer Grundform, der Standardversion, geboten worden, obendrein beim Teebrei nur die einer Winterzeremonie und beim dünnen Tee nur die einer Sommerzeremonie. Selbstverständlich gibt es sowohl beim *koicha* wie beim *usucha* beide Varianten der Standardzeremonie. Dabei unterscheiden sich die Winterzeremonien von der entsprechenden Sommerform vor allem dadurch, dass – wie bereits erwähnt – der Heißwasserkessel, statt auf dem Holzkohlebecken links vorne auf der Matte des Gastgebers zu stehen, vielmehr in die in den Boden eingelassene Feuerstelle rechts von der Gastgebermatte eingesenkt ist. Und zum anderen dadurch, dass vor der Zubereitung des Tees die Temperatur des köchelnden Wassers nicht durch die Zugabe von kaltem Wasser vermindert wird.

Und wenn es schon so etwas wie Standardzeremonien gibt, dann liegt der Schluss nahe, dass das Repertoire der Teezeremonie (die Japaner sprechen vom *cha no yu*, dem »heißen Wasser für den Tee«) auch noch andere, anspruchsvollere, ausgefeiltere, durch zusätzliche Einzelheiten aufgewertete Zeremonien umfasst. In der Tat, wenn der Gastgeber beispielshalber einen Teelöffel, eine Teedose, eine Teeschale benutzt, die er bei anderer Gelegenheit als Geschenk überreicht bekommen hat, wenn er seinen Gästen den Tee in einer besonders kostbaren Teeschale anbieten will (kostbar, weil sie besonders alt ist oder von einem berühmten Töpfer stammt oder sich nur durch besondere Merkmale auszeichnet), wenn er eine hoch gestellte Persönlichkeit eingeladen hat, ja selbst, wenn er nur Holzkohlebecken samt *kama* und Kaltwassergefäß, statt sie – wie bei einer Standard-Sommerzeremonie – einzeln auf die Reisstrohmatte zu stellen, auf einem *tatami*-breiten schwarzlackierten Holzbrett präsentiert – in jedem dieser Fälle ist eine im doppelten Sinne besondere Zeremonie vonnöten, »besonders« sowohl im Sinne einer je eigenen als auch im Sinne einer ranghöheren Zeremonie.

Dann ist da noch die – in sich wiederum vielfach gestufte – Sonderklasse der so genannten *karamono*-Zeremonien: Von den Anfängen der Teezeremonie bis heute bringen die Japaner, besser gesagt, die japanischen *chajin* und *cha no yu*-

Tragbare Feuerstelle samt Heißwasserkessel (für die warme Jahreszeit) sowie Frischwassergefäß (China, Ming-Dynastie), beides auf einem lackiertem Holzbrett *(nagaita)*, das der Zeremonie größere Würde verleiht

Liebhaber (ein *chajin* ist – wie beschrieben – jemand, der sich und sein Leben dem Teeweg geweiht hat) die größte, uns Europäern maßlos übertrieben erscheinende Wertschätzung denjenigen kleinen Keramikgefäßen entgegen, die aus dem China der Tang- und Song- bis hin zur Ming-Zeit stammen, dort häufig ganz anderen Zwecken, beispielsweise als Medizindosen oder Ölfläschchen, gedient haben und in Japan als Teepulverbehälter für die *koicha*-Zeremonie verwendet werden: den so genannten *karamono-chaire*, wobei *karamono* nichts anderes heißt als eben: »Stücke aus China«.

Um diesen kleinen *karamono*-Gefäßen die angemessene Ehrerbietung zu bezeigen, haben die großen Teemeister der Vergangenheit eine besondere Klasse von Zeremonien erfunden, die sämtlich darin übereinstimmen, dass eine solche *chaire* im Ablauf des Rituals auf alle erdenkliche Weise herausgehoben wird, eine Klasse, die sich zugleich in eine Stufenfolge immer anspruchsvollerer, immer »höherer« Zeremonien gliedert: Auf die einfachen *karamono*-Zeremonien folgen die *bonten-karamono*-Zeremonien, bei denen die *chaire* auf einem kleinen Lacktablett (von lackiertem Holz, viereckig, bis hin zu chinesischen Lackschnitzereien von runder Form) gehandhabt wird, dann die *daitenmoku*-Zeremonien, bei denen neben der (wieder ohne Tablett benutzten) *karamono-chaire* noch eine besondere, ursprünglich auch aus China stammende Form von Teeschale, die so genannte *Tenmoku*-Schale, Verwendung findet, die außerdem auf einem Lackständer präsentiert wird. Und schließlich die *bonten-daitenmoku*-Zeremonien, deren Besonderheit darin besteht, dass neben der *Tenmoku*-Schale auf dem Lackständer die *karamono-chaire* wieder durch das Lacktablett besondere Heraushebung erfährt. Und damit noch nicht genug: Von all diesen *karamono*-Zeremonien gibt es – wie von den meisten anderen Zeremonien auch – wiederum jeweils drei Abstufungen: eine ganz schlichte Form, die *sô*-Form, eine gehobene oder semiformale, die *gyô*-Form, und eine ganz exquisite, strikt formale, die »wahre« oder *shin*-Form.

Überraschungen am Wegesrand (5)

Ein teures Hobby

Unbestreitbar musste den Tokugawa-Shôgunen daran gelegen sein, ihre Vasallen, die Fürsten der einzelnen Landesprovinzen, unter Kontrolle zu halten. Ausgefallen waren freilich die Methoden, derer sie sich dabei bedient haben: Sie zwangen die Daimyô, *für ein Drittel des Jahres in Edo (heute Tôkyô), dem Sitz der Shôgunats-Verwaltung, Quartier zu nehmen, in eigenen Palästen, versteht sich; und für den Rest des Jahres, wenn die* Daimyô *in ihre Herrschaftsgebiete entlassen waren, mussten sie Ehefrau und ältesten Sohn als Geiseln in der Hauptstadt zurücklassen. Aber damit nicht genug: Indem die Shôgune selber mit größtem Aufwand Teezeremonien betrieben, gaben sie den* Daimyô *hinreichenden Anlass, ihnen nachzueifern und zu diesem Zweck gleichfalls möglichst kostbares Teegerät an sich zu bringen. Für solche* meibutsu-*Stücke mussten sie bedauerlicherweise ungeheure Geldmittel aufwenden, die ihnen dann – und das war die geheime Absicht der Shôgune – nicht mehr zu Verfügung standen, um eigene Heere zu finanzieren, mit denen sie, so sehr es auch manch einem in den Fingern gejuckt haben mag, den Aufstand hätten proben können.*

Diese geradezu barocke Prachtentfaltung hat – wie sollte es anders sein – historische Gründe. Da ist zum einen der feudalstaatliche Charakter des alten Japan mit seiner Doppelspitze von Kaiserhaus samt Hofstaat und andererseits dem jeweiligen Shôgun mit den von ihm belehnten Territorialfürsten. Und da ist zum anderen die Jahrhunderte überdauernde Bewunderung der Japaner für die chinesische Kultur, die ihnen nicht nur Anregung, sondern Vorbild und Maßstab gewesen ist. Beides zusammen hat sich auf dem Felde der Teezeremonie dahingehend ausgewirkt, dass bereits in der Frühzeit des *cha no yu* unter dem Patronat des Ashikaga-Shôguns Yoshimasa (1435–1490) chinesische *chaire* und *chawan* geradezu zum Kriterium der Angemessenheit einer Teeveranstaltung erhoben wurden und die im Dienst der Feudalherren stehenden Teemeister bei der Gestaltung ihrer Zeremonien dem vielfach abgestuften gesellschaftlichen Rang ihrer Auftraggeber Genüge tun mussten. Diese doppelte Tradition hat sich bis weit in das 19. Jahrhundert, bis zum Ende des Tokugawa-Shôgunats, auch als Edo-Zeit bekannt, bruchlos durchgehalten: Undenkbar, dass nicht für den Shôgun selbst aufwendigere, mit ausgefeilteren Ehrfurchts-

Shin no daisu – das aus China übernommene Gestell für den *shoin no cha*, den »Tee des Schreibzimmers«, mit Bronzegefäßen: Holzkohlebecken mit *kama*, Spülwassergefäß, Ständer für Wasserschöpfkelle und zwei Stäben zum Nachlegen von Holzkohle sowie Kaltwassergefäß; frühe Edo-Zeit

und Höflichkeitsritualen durchsetzte Zeremonien erdacht wurden als für seine Lehnsfürsten, die *Daimyô*, und dass nicht die Letzteren Anspruch auf würdigere, mit größerem Gepränge ausgestaltete Teeveranstaltungen gehabt hätten als die in sich wiederum mehrfach gestufte Klasse der *Samurai*. Auch die Kostbarkeit und angemessene Ausstattung des Teegeräts hatte sich solcher sozialen Differenzierung anzupassen, weshalb eine Teezeremonie vor dem *Tennô*, dem als »Sohn des Himmels« herausgehobenen Kaiser oder auch vor dem Shôgun als dem eigentlichen Inhaber politisch-militärischer Macht nur mit dem – gleichfalls aus China übernommenen – *shin no daisu* zelebriert werden konnte, einem der »wahren« Teezeremonie vorbehaltenen Gestell aus lackiertem Holz mit zwei Ebenen, auf deren unterer ein bronzenes Holzkohlebecken samt bronzenem *kama*, ein bronzenes *mizusashi*, ein ebenfalls bronzenes vasenartiges Gefäß mit der Schöpfkelle und zwei bronzenen Stäben für das Nachfüllen von Holzkohlestücken sowie, ebenfalls aus Bronze, das Spülwassergefäß und der Untersatz für den *kama*-Deckel und auf deren oberer Ebene das Teepulvergefäß – ob nun *chaire* oder *natsume* – im Seidenbeutel auf dem Lacktablett sowie die *chawan*, gleichfalls in einem Seidenbeutel und obendrein auf dem Lackständer, aufgestellt sind.

Erst recht muss, und das gilt auch heute noch, eine *cha no yu*-Performance für eine Shintô-Gottheit (oder einen zur Göttlichkeit erhobenen Verstorbenen) und ebenso eine solche für Buddha Shakyamuni oder einen der anderen Tathâgatas des buddhistischen Pantheons oder einen der zugehörigen transzendenten Bodhisattvas eine *shin no daisu*-Zeremonie sein, zumal eine, bei der der Ausführende zum Zeichen höchster Devotion während der eigentlichen Zubereitung des Tees einen weißen Mundschutz trägt und obendrein den fertigen Tee mit einem Stück steifen weißen Papiers abdeckt, bis die Opfergabe schließlich auf dem Altar des betreffenden Gottes dargebracht wird: So hat auch noch die Klasse der »wahren« Zeremonien ihre Unterteilung in eine *sô*-, eine *gyô*- und eine *shin*-Stufe.

Ausgang ins Freie

Kein Zweifel: Die japanische Teezeremonie, wie wir sie in den voraufgegangenen Kapiteln beschrieben haben, unterliegt einem strengen Reglement. Nirgends scheint es einen Spielraum für eine freie Gestaltung zu geben. Im Gegenteil, so unterschiedlich die einzelnen Teeschulen im heutigen Japan auch sein mögen, sie alle stimmen darin überein, dass bei jeder einzelnen Zeremonie jeder einzelne Handgriff bis ins Kleinste vorgeschrieben ist. Der Adept muss Jahre damit zubringen, sich all diese Feinheiten anzueignen. Und wenn er dieses Ziel endlich erreicht hat, steht ihm nur noch ein Weg offen: den vorgegebenen Mustern zu folgen. Und er hat das Reglement so sehr verinnerlicht, dass er – und das soll seitens der Kritiker der schlimmste aller möglichen Vorwürfe sein – die Ketten, die ihn fesseln, nicht einmal mehr spürt.

Mehr Freiheit, überhaupt Freiheit könnte von Skeptikern gefordert werden. Aber was ist Freiheit? Sicherlich dürfen wir Freiheit, zumal Freiheit in der Kunst (und die Teezeremonie ist eine Kunst), nicht mit Beliebigkeit gleichsetzen, mit willkürlichem Handeln nach Lust und Laune, mit der Weigerung, irgendwelche Regeln einzuhalten. Freiheit, zumal Freiheit in der Kunst, gibt es immer nur in der Wechselbeziehung mit Form, mit einer vorgegebenen oder auch selbstgesetzten Form. Wo Regellosigkeit und mithin Formlosigkeit vorherrscht, kann es kein Kunstwerk geben, sondern nur – Müll. Schöpferisches Tun setzt Freiheit voraus, die sich an der Form reibt, mit ihr auseinander setzt und schließlich über sie triumphiert. Das gilt auch für die Teezeremonie, vorausgesetzt freilich, dass sich dort überhaupt Freiräume auftun.

Und die gibt es in der Tat: Ob es die einzelnen Gerichte sind, mit denen sich die vorgegebene Form der Menüfolge eines *kaiseki* ausfüllen lässt, ob es die Zusammenstellung des Teegeräts ist, die gleichfalls bestimmten Regeln unterliegt (Harmonie und Abwechslung zugleich, das Verbot, Keramikgefäße ein und derselben Stilrichtung nebeneinander zu benutzen, Angemessenheit in der Stilhöhe: *sô*, *gyô* oder *shin* – um nur einiges zu nennen): All das verlangt ein Feingefühl, das sich einerseits nur durch jahrelange Unterordnung erwerben lässt und doch die Meisterschaft eigener Gestaltung zulässt, ja geradezu herausfordert, wenn der Adept nicht auf dem Niveau bloßer Unbeholfenheit oder – und das wäre schon viel – eines wenn auch von Können bestimmten Epigonentums stehen bleiben will. Freiräume in der Teezeremonie – das ist mithin mehr als die Menge der Kombinationsmöglichkeiten, die uns die Vielzahl unterschiedlicher Zeremonien zugesteht, derart, dass wir frei wählen und entscheiden können, beispielshalber welche *koicha*- mit welcher *usucha*-Zeremonie sich zu einem stimmigen Ganzen zusammenfügen soll. Freiraum in der Teezeremonie besteht aber auch darin, wie der Einzelne die Ausführung der vorgeschriebenen Handlungen mit seiner eigenen Persönlichkeit erfüllt und damit überhaupt erst zum Leben erweckt: Jede schülerhafte Performance, von einer ungekonnten gar nicht zu reden, bleibt etwas Äußerliches und Totes, ihr fehlt das Charisma.

Geradezu unbegrenzt ist schließlich der Freiraum, den Meisterschaft, wahre Meisterschaft uns erschließt, wenn es darum geht, in kritischen Situationen eine angemessene, alle Beteiligten überraschende Lösung zu finden. Der Leser wird sich an Sen no Rikyûs ingeniösen Einfall erinnern, mit dem er der bösen Falle entkam, in die ihn Toyotomi Hideyoshi gelockt hatte: einen Pflaumenblütenzweig in einer wassergefüllten Schale »aufzustellen«. Ohne Zögern, ohne in verzweifeltem Grübeln tiefe Furchen in die Stirn zu graben (das war es, woran Hideyoshi sich hatte weiden wollen), ließ er die Blüten mit einer einzigen Handbewegung auf die Oberfläche des Wassers regnen, wo sie sich ganz von selbst malerisch verteilten. Ein ähnliches Ereignis beschreibt das folgende und letzte Stück unserer kleinen Reihe:

Überraschungen am Wegesrand (6)

Achtlos hingeworfen

Kojima Dôsatsu, ein Schüler des Takeno Jôô und selber ein bedeutender Teemeister aus der Generation Sen no Rikyûs, erwarb irgendwann einen chatsubo, *einen Keramikkrug zur Aufbewahrung der kostbaren Teeblätter, der wegen seiner außergewöhnlichen Beschaffenheit alsbald zum Stadtgespräch avancierte. Immer wieder bedrängten ihn Teeliebhaber aus dem näheren und weiteren Umfeld, sich dieses besondere Stück auch einmal anschauen zu dürfen. Doch in seiner teemeisterlichen Zurückhaltung weigerte sich Dôsatsu hartnäckig, seinen Schatz öffentlich zur Schau zu stellen, unter dem Vorwand, er habe dem Gefäß doch noch gar keinen Namen gegeben. Eines Tages aber, als sich wie üblich allerlei Gäste für eine Teezusammenkunft eingefunden hatten, schickten sie von der Wartebank aus einen Boten zum Gastgeber und ließen Dôsatsu mitteilen, sie weigerten sich, das Teehaus zu betreten, wenn ihnen nicht endlich ihr sehnlichster Wunsch, nämlich besagten* chatsubo *betrachten zu dürfen, erfüllt werde. Was sollte Dôsatsu tun? Wie konnte er sich, ohne das Gesicht zu verlieren, nun doch bereit finden, seinen* chatsubo *den gierigen Blicken der Teemeute auszusetzen? Widerstrebend willigte Dôsatsu ein, und als die Gäste schließlich den Teeraum*

Teeblätterbehälter *Seikô* [»Wohlgeruch«], aus dem Nachlass des Ueda Sôko; China, späte Yuan-/frühe Ming-Dynastie

betraten, fanden sie den Krug gleich neben dem Eingang wie achtlos hingeworfen seitlich auf dem Boden liegen. Verblüfft und empört zugleich verlangten die Gäste, Dôsatsu möge das kostbare Stück doch, wie es sich gehöre, in der Bildnische aufstellen. Der aber beharrte darauf, dass ein so wertloses Gefäß wie dieser Krug ein Mehr an Beachtung gar nicht verdiene.

Unter den chajin *jener Zeit freilich fand dieser hingeworfene Krug allgemeine Bewunderung und Nachahmer in nicht geringer Zahl. Nur einer gab ein besonnenes Urteil ab, und das war Sen no Rikyû; er befand nämlich, ein »hingeworfener Krug« sei zweifellos eine höchst delikate Angelegenheit und dürfe schon deshalb auf gar keinen Fall bloßen Nachahmern in die Hände fallen.*

Und dann ist da noch ein Gesichtspunkt ganz anderer Art: Unfrei können wir uns nur fühlen, solange wir der Sache, um die wir uns bemühen, als etwas von uns Abgetrenntem gegenüberstehen. Unfreiheit bedeutet: Da ist ein anderes, das mich einengt und in eine Richtung zwingt, die ich nicht will. Das setzt einen Willen und den Status eines Subjekts voraus, dem ein Objekt oder ein anderes Subjekt entgegensteht. Doch wenn wir uns in den Handlungs- und Bewegungsablauf einer *koicha*- oder *usucha*-Zeremonie einüben, erreichen wir irgendwann ein Stadium, wo wir uns in den Ablauf fallen lassen, in dem Ritual aufgehen, wo wir das Ritual, statt ihm weiterhin gegenüberzustehen, sozusagen selber sind. Da ist dann kein Wille mehr, der eine Aufgabe bewältigen, ein Ziel erreichen will; da vollzieht sich das Ritual von selbst: Unser Bewusstsein, unser Körper, unsere Bewegungen sind nur das

Medium, durch das das Ritual zum Vorschein kommt, erscheint. Der Handlungsablauf fließt durch uns hindurch, Leben strömt, kein Zwang, keine Enge mehr; wir fühlen einen Strom von Freiheit.

Yanagi Sôetsu, der schon eingangs zitierte, ausgewiesene Kenner des Teeweges, hat denselben Sachverhalt wie folgt formuliert: »Wie viele haben den Tee[weg] dadurch zerstört, dass sie die tiefe Bedeutung des Ritus nicht verstanden haben! ... Fühlen wir uns eingeengt, wenn wir dem Ritus Folge leisten, dann beherrschen wir ihn noch nicht ... Wenn die Formen vollendet sind, ist Tee[zeremonie] eine lebendige Sache.« Und an anderer Stelle: »Freiheit darf nicht mit Eigensinn verwechselt werden ... Die Freiheit liegt allein in der Befolgung des Gesetzes [der Regeln des Teeweges]. Eigensinn ist die stärkste Fessel; die Eingenommenheit von uns selbst bindet uns Hände und Füße. Die Teezeremonie ist die Straße zur Freiheit.«[5]

So ist es: Wenn Sie sich auf den Teeweg begeben, werden Sie nach einigen Jahren des Übens dem Ritual keinen eigenen Willen mehr entgegensetzen, vielmehr gehen Sie ganz in ihm auf, eben weil Sie es ganz durchdrungen haben. An diesem Punkt angelangt, werden Sie nicht mehr davon sprechen, dass Sie Regeln, die Regeln des Teeweges, befolgen. Dann sind Sie dieser WEG. Und das ist nicht nur ein Weg *zur* Freiheit, es ist der Weg *der* Freiheit.

Manchem Leser mag Hegels berühmtes Bonmot bekannt sein: »Freiheit ist die Einsicht in die Notwendigkeit.« Das aber zielt auf Unterordnung und Verzicht. Bei der Teezeremonie hingegen geht es um Zugewinn, um die Erfahrung einer Fülle, die uns andernfalls verschlossen bleibt.

Eine kleine Geschichte der Teezeremonie

Von der endgültigen Einführung des Teestrauches im 12. Jahrhundert, die der Vorliebe der Japaner für den Genuss des Teegetränks einen ungeahnten Aufschwung geben sollte, hat es weitere 250 Jahre gebraucht, bis die Zubereitung und das Trinken von Tee zu einer eigenständigen Kunstform erhoben wurde. Zunächst das Vorrecht der Shôgune und *Daimyô* (der Landesfürsten), des Hof- und Schwertadels, hat sich das zeremonielle Teetrinken über die Zurschaustellung von Kunstschätzen seitens reicher Kaufleute zu einem auch für den gewöhnlichen Bürger praktikablen Ritual der Besinnung und des harmonisch-stillen Miteinanders gewandelt, das in einem eigens geschaffenen Raum, der Teehütte, umgeben von einem an Waldeinsamkeit gemahnenden Teegarten, von Gastgeber und Gästen gemeinsam zelebriert wird. So formuliert Murata Jukô (1422-1502), der vielen als der eigentliche Begründer des Teeweges gilt, in seinen »Fünf Verhaltensregeln für den Teeraum«: »Wenn man in den Teeraum einkehrt, sollen die Herzen von Gast und Gastgeber ganz ruhig werden und sich keinesfalls durch andere Gedanken ablenken lassen. Das ist das Wichtigste, in seinem Herzen zu verweilen und keiner Äußerlichkeit mehr Bedeutung zuzumessen.«

Dieser Geist der inneren Einkehr hat sich unter den Nachfolgern des Murata Jukô immer stärker durchgesetzt, dabei die für den Teeweg charakteristische, auf Schlichtheit und Strenge ausgerichtete Ästhetik geprägt und sich bis heute in allen noch existierenden Teeschulen erhalten. Man spricht von 40 bis 50 verschiedenen Schulrichtungen, die sich zwar, über ganz Japan verteilt, in Einzelheiten deutlich voneinander unterschieden, aber in den Grundzügen des zeremoniellen Ablaufs sämtlich übereinstimmen. Und soweit sie nicht erst im 20. Jahrhundert neu entstanden sind, sondern durch die 250 Jahre des Tokugawa-Shôgunats (1615–1868) hindurchgegangen sind und sich dabei den unerbittlichen Vorgaben der starren Edo-zeitlichen Gesellschaftshierarchie anpassen mussten, verfügen sie über ein allen gemeinsames Repertoire an unterschiedlich komplexen, auch ihrerseits hierarchisch gestuften Zeremonien.

Wie alles begann

Wir müssen, wenn wir uns den Details zuwenden, zwar nicht unbedingt bei Adam und Eva anfangen, doch immerhin mit den alten Chinesen. Denn das Trinken von Tee als Genussmittel beginnt im China der Tang-Zeit (618–906). Damals trank man einen zu Ziegeln gepressten Tee, der mit Salz und allerlei Gewürzen regelrecht gekocht wurde (und abscheulich geschmeckt haben muss). Eine Etappe weiter, während der Song-Dynastie (960–1279), setzte sich der pulverisierte Tee durch (ein Grüntee, versteht sich, aus den getrockneten und vor Gebrauch fein zerriebenen Blättern des Teestrauches), bei dem das Teepulver in einer weit offenen Schale mit heißem Wasser übergossen und mit einem Bambusbesen schaumig geschlagen wurde – genau wie es auch heute noch bei der Teezeremonie geschieht. Bereits in der Tang-Zeit hatte das Teetrinken vor allem in den Klöstern des chinesischen Chan-Buddhismus Eingang in den Alltag gefunden. Und zwar war es der bedeutende Chan-Meister Bai-zhang Huai-hai (jap. Hyakujô Ekai, 720–814), der als Erster genaue Vorschriften für das klösterliche Leben der Mönche formuliert und dabei auch das Teetrinken in seine Klosterregeln mit aufgenommen hat.

Etwa zur gleichen Zeit soll ein japanischer Mönch mit dem Namen Eichû nach einem zehnjährigen Aufenthalt in China (770–780) die Sitte des Teetrinkens in seine Heimat mit zurückgebracht haben. Wenig später waren es wiederum Mönche, nämlich Saichô, besser bekannt als Dengyô Daishi, der Begründer des japanischen Tendai-Buddhismus (767–822), und Kûkai, auch Kôbô Daishi genannt, der Vater der Shingon-Schule, der japanischen Version des esoterischen Buddhismus (774–835), die darüber hinaus auch Setzlinge des Teestrauches aus China nach Japan eingeführt und dort angepflanzt haben. Eine zeitgenössische Chronik berichtet für das Jahr 815, dass besagter Eichû, inzwischen hochbetagter Abt eines Klosters, dem damaligen japanischen Kaiser eigenhändig Tee zubereitet habe, mit der Folge, dass eben dieser *Tennô* alsbald den Befehl erließ, in allen Teilen des Reiches Tee anzubauen.

Gegen Ende des 9. Jahrhunderts brachen – aus welchen Gründen auch immer – die kulturellen Beziehungen zwischen Japan und China ab; die Vorliebe der japanischen Adelsschichten für alles Chinesische und damit auch ihr Interesse am Teegenuss erlosch. So bedurfte es in der *Kamakura*-Zeit (1192–1333) eines ganz neuen Anlaufs, um das Teetrinken wieder aufleben zu lassen. Abermals gebührt das Verdienst einem Mönch. (Aber warum nur immer die Mönche? Ganz einfach: Weil keine Gruppe innerhalb der japanischen Gesellschaft so viel Zeit und so gewichtigen Grund hatte wie die Mönche, sich ausführlich in China umzusehen und sich zugleich auch ausbilden zu lassen.) Diesmal war es der Mönch Myôan Eisai, auch Yôsai genannt (1141–1215), der nicht nur den Chan-Buddhismus des Lin-ji Yi-xuan (jap. Rinzai Gigen, gest. 866), der vielleicht einflussreichsten und wirkungsmächtigsten Gestalt der gesamten Chan-Bewegung, nach Japan gebracht hat und damit zum eigentlichen Begründer des japanischen Zen-Buddhismus und zugleich des bis heute lebendigen Rinzai-Zen geworden ist. Nein, Eisai hat außerdem – und das sichert ihm einen herausragenden

Platz in der Vorgeschichte der Teezeremonie – aus dem Songzeitlichen China den schaumig geschlagenen Pulvertee nach Japan eingeführt und damit den Grundstein für die gesamte spätere Entwicklung des *cha no yu* gelegt. Dass Eisai auch noch, ebenfalls zum zweiten Mal, Setzlinge des Teestrauches nach Japan überführt und nicht nur in eigener Regie in den Klöstern Shôfukuji in Hakata/Kyûshû und Jufukuji in Kamakura/Honshû angepflanzt, sondern auch an seinen Schüler Myôe (1173–1232), den Erneuerer des Kegon-Buddhismus in Japan, weitergegeben hat, der später mit seinen Pflanzungen in der Nähe Kyôtos zum berühmtesten Teekultivierer Japans aufsteigen sollte, sei hier nur am Rande erwähnt.

Zu Beginn der *Kamakura*-Ära hat auch der große Zen-Lehrer Dôgen (1200–1253), ursprünglich ein Schüler Eisais, in China jedoch unter einem Meister der *Cao-dong*-Schule zur vollen spirituellen Reife gelangt, für die Mönche des von ihm begründeten und ebenfalls heute noch lebendigen Sôtô-Zen die chinesische Sitte des täglichen Teetrinkens übernommen. Bei der Formulierung der einschlägigen Vorschriften für sein Eiheiji-Kloster in der heutigen Präfektur Echizen hat er dabei auch auf die Teeregeln des bereits erwähnten Bai-zhang Huai-hai zurückgegriffen.

Nebenher verdient es Erwähnung, dass Dôgen sich bei seinem China-Aufenthalt von einem Töpfer hat begleiten lassen, der nach seiner Rückkehr ein Töpferzentrum aufgebaut hat und damit zum Begründer der japanischen Teekeramik geworden ist. (Dass es zu deren Vollendung Jahrhunderte danach noch ganz anderer Anregungen, unter anderem solcher aus der Töpferkunst Koreas, bedurft hat, steht auf einem anderen Blatt und wird später wieder aufgegriffen und näher dargestellt.)

Unter dem Einfluss Eisais und Dôgens bildete sich in der Folgezeit in den Zen-Klöstern Japans eine regelrechte Teezeremonie heraus, *sarei* genannt. Selbstverständlich haben die nachfolgenden Zen-Meister das Teeritual weiter verfeinert, bis ihm schließlich Musô Kokushi, der »Lehrer des Reiches« (1275–1351), als Abt des Klosters Daitokuji in Kyôto seine endgültige Gestalt gegeben hat. Das Daitokuji, der »Tempel der Großen Tugend«, entwickelte sich alsbald zu einem bedeutenden Zentrum der japanischen Kultur, wobei zumal die Teezeremonie stets eine herausragende Rolle gespielt hat. So nimmt es nicht Wunder, dass später große Meister des Teeweges wie Sen no Rikyû (1521–1591) und Kobori Enshû (1579–1647) gerade hier eine weithin ausstrahlende Wirkungsstätte gefunden haben. Und noch heute wird zumindest in Rinzai-Tempeln ein tägliches *sarei*, eine »Tee-Etikette« zelebriert: das streng ritualisierte Teetrinken, bei dem die Mönche gemeinsam mit je vier Schlucken eine kleine Portion Tee zu sich nehmen; die einzelnen Schlucke symbolisieren dabei noch heute Sen no Rikyûs vier Leitbegriffe »Harmonie«, »Ehrfurcht«, »Reinheit« und »Stille«, von denen später ausführlicher die Rede sein wird.

Daneben gab es in der Klasse der Samurai, des Schwertadels, sowie der bürgerlichen Schicht wohlhabender Kaufleute aufwendige Teegesellschaften, bei denen sich die Gäste mit Tee-Wettspielen unterhielten (es galt, unter der Vielzahl der dargebotenen Tees den *honcha*, den »wahren Tee« aus den von Myôe angelegten Teeplantagen zu erkennen). Zum anderen stellten die Gastgeber bei solchen Gelegen-

Prunkvoller Raum für den *shoin no cha*, den »Tee im Schreibzimmer«, Ueda-Sôko-Schule, Hiroshima: rechts neben der Bildnische das Schreibbrett vor dem Fenster; Edo-Zeit

heiten gern ihren Reichtum zur Schau, besser gesagt, zur staunenden Bewunderung durch die Gäste, vorzugsweise kostbarste Vasen und Bilder aus dem Tang-zeitlichen China.

Shoin no cha – der »Tee im Schreibzimmer«

Doch all das ist nur Vorgeplänkel. Die eigentliche Teezeremonie beginnt mit einem Mann namens Nôami (1394–1471), der den so genannten *shoin no cha*, den »Tee im Schreibzimmer«, geschaffen hat. Nôami stellte präzise Regeln für die Gestaltung und Ausschmückung dieses Schreibzimmers auf: Reisstrohmatten – *tatami* – als Bodenbelag und Sitzfläche zugleich, eine Bildnische, von jetzt an obligatorisch, je nach Größe des Raumes für höchstens drei bis vier Rollbilder, auf dem Boden dieser Nische ein Räuchergefäß, eine Vase mit Blumen sowie ein Kerzenleuchter; an der Wand ein zweistöckiges Regal mit gegeneinander verschobenen Stellflächen, auf dem die Teegerätschaften stehen, vor allem aber vor dem Fenster ein breites lackiertes Holzbrett, das als Schreibunterlage benutzt werden kann und dem Raum seinen Namen gibt, und darauf ein Kästchen für die Schreibutensilien und ein Papierbeschwerer; sonst ist kein weiterer Schmuck erlaubt. Zum anderen hat Nôami als Erster außerhalb der Zen-Klöster das *daisu* verwendet, jenes bereits erwähnte, aus einer Ober- und einer Unterplatte bestehende *tatami*-breite Gestell, dessen unterer Boden das Holzkohlebecken mit dem Heißwasserkessel, das Kaltwassergefäß, einen vasenförmigen Ständer für die Wasserschöpfkelle und die Stäbe zum Nachlegen der Holzkohle sowie das Gefäß für das Spülwasser aufnimmt und auf dessen obere Fläche die Teeschale samt Teelöffel, Teebesen und Teetüchlein sowie die von einem Seidenbeutel umhüllte Teedose zu stehen kommen. (Auch heute noch wird, wie schon angedeutet, dieses Gestell – nunmehr *shin no daisu* genannt, das »Gestell für die ›wahre‹, die formale Teezeremonie« – bei herausragenden Anlässen wie etwa dem Erntedankfest in einem Shintô-Schrein oder buddhistischen Ritualen zum Todestag eines Klostergründers oder einer historischen Persönlichkeit wie Toyotomi Hideyoshi auf genau diese Weise eingesetzt.)

Der Tee im Schreibzimmer, dessen erklärtes Ziel es war, die Gäste in ruhig-entspannter Atmosphäre den köstlichen Tee genießen und die kostbaren chinesischen Bilder und Teegerätschaften in ihrer Eleganz und prächtigen Farbigkeit bewundern zu lassen, fand seinen besonderen Förderer in dem Ashikaga-Shôgun Yoshimasa, der sich nach seiner Abdankung im Jahre 1483 in die Ostberge Kyôtos, die *Higashiyama*, zurückgezogen hatte. Dort widmete er sich bis zu seinem Lebensende im Jahre 1490 der Vervollkommnung der typisch japanischen Künste, vom Nô-Spiel bis zur Gartenarchitektur, und leitete so eine kurze Periode kultureller Hochblüte ein, eben die *Higashiyama*-Periode. Und Nôami avancierte, dank der Unterstützung, die Yoshimasa gerade seinem *shoin no cha* angedeihen ließ, zum Begründer und wichtigsten Vertreter des so genannten *Higashiyama*-Stils der Teezeremonie, der nicht nur durch den Einsatz des *daisu* und der bronzenen Geräte seines Untergestells charakterisiert ist, denen die Abstammung von den chinesischen Ritualbronzen unübersehbar auf die glänzende Oberfläche geschrieben steht, sondern zugleich auch durch die ausschließliche Verwendung kostspieliger chinesischer Teepulvergefäße und formvollendeter chinesischer Teeschalen.

Vollendung zum *wabicha*

Murata Jukô ...

Den nächsten Impuls, der sie bereits deutlich auf ihre Endgestalt hin ausrichtete, erhielt die Teezeremonie durch Murata Jukô (1422–1502), der auch als Erster den Ehrentitel *sôshô*, »Meister«, trug. Er vereinfachte den durch und durch luxuriösen Stil des Schreibzimmer-Tees, indem er die Größe des Teeraumes auf viereinhalb *tatami* beschränkte, die Bildnische verkleinerte und statt der prächtigen chinesischen Rollbilder zum ersten Mal eine einzelne Kalligraphie aufhängte, das Schreibbrett vor dem Fenster und das Wandregal aus dem Teeraum verbannte und die Feuerstelle für die Holzkohle in den Boden versenkte. Murata Jukô, der in einer zeitgenössischen Quelle mit dem programmatischen Ausspruch: »Einen Mond ohne vorüberziehende Wolken mag ich nicht« zitiert wird, wendet sich damit gegen die einseitige Bevorzugung makellos schönen chinesischen Teegerätes im *shin no daisu*-Stil und auch gegen die ausschließliche Verwendung japanischer Alltagsware in einem konträren, auf nichts als Unscheinbarkeit abzielenden sô-Stil, einem »Tee der puren Schlichtheit«, und proklamiert stattdessen einen von ihm geschaffenen chinesisch-japanischen Mischstil: *gyô* (»semiformal«). Mit Murata Jukô, der im Daitokuji unter dem bedeutenden Zen-Meister Ikkyû Sôjun (1394–1481) eine gründliche Ausbildung im Rinzai-Zen absolviert und als Anerkennung seiner spirituellen Reife von seinem Lehrer eine Kalligraphie des chinesischen Chan-Meisters Yuan-wu Ke-qin (jap. Engo Kokugon, 1063–1135), des Herausgebers des Bi-yan-lu, der berühmten Kôan-Sammlung »Aufzeichnung unter der Smaragdenen Felswand«, empfangen hatte, hielt der Geist des Zen-Buddhismus erstmals Einzug in die Teezeremonie. Es war Murata Jukô, der die Teezeremonie, fortan *cha no yu* genannt, zum Schulungsweg erhoben hat, indem er der lebenslangen Einübung in den Teeweg *(chadô)* das Ziel gesetzt hat, den Adepten von Egoismen, Begierden und Anhaftungen aller Art zu befreien. Und kein anderer als eben Murata Jukô hat als Erster auch die Forderung aufgestellt, dass jede einzelne Teeveranstaltung einem vierfachen Zweck zu dienen habe – der Verwirklichung von Besonnenheit, Ehrfurcht, Reinheit und Stille: Besonnenheit und Ehrfurcht im zwischenmenschlichen Umgang von Gastgebern und Gästen wie auch im Umgang mit den Gerätschaften der Teezeremonie; und Reinheit und Stille sowohl als äußere Gegebenheiten wie als innere Haltung der Spiritualität.

... Takeno Jôô ...

Die nächste Stufe der Vollendung des Teeweges ist mit dem Namen Takeno Jôô verbunden (1502–1555). Hatte Murata Jukô den Teeraum so weit umgewandelt, dass man ihn *sôan*,

»Strohgedeckte Einsiedlerhütte« genannt hat, so ist Takeno Jôô noch einen Schritt weiter gegangen und hat sich für seine Teeveranstaltungen tatsächlich eine solche reetgedeckte Holzhütte mit Lehmwänden gebaut und um sie herum auch noch einen Garten angelegt. Damit erst ist er im wahrsten Sinne des Wortes zum Begründer eines *sôan no cha*, eines »Tees in der Einsiedlerhütte« geworden. Auch Takeno Jôô hat sich, gleichfalls im Daitokuji zu Kyôto, einer gründlichen Zen-Schulung unterzogen und dabei sogar den Titel eines »Erleuchteten Laien« erhalten. Folgerichtig ist auch für ihn die Teezeremonie zu einer spirituellen Angelegenheit geworden, derart, dass der gemeinsame Vollzug der Zeremonie sowohl für den Gastgeber wie für die Gäste einen Akt der Selbstreinigung und Selbstheiligung bedeutet und der Ort der Handlung, eben die Einsiedlerhütte, einen geweihten Ort darstellt, in dem die Teilnehmer aus dem Irdisch-Gewöhnlichen herausgehoben sind. So überrascht es nicht zu lesen, dass Takeno Jôô von dem *roji*, dem von ihm neu geschaffenen Pfad, auf dem die Gäste durch den Teegarten zum Eingang des Teehauses geführt werden, als einem Übergang aus der äußeren, alltäglichen Welt in den Raum einer inneren Einkehr, in einen Bereich äußerer wie innerer Reinheit gesprochen hat.

Noch weitere Neuerungen gehen auf Takeno Jôô zurück; und zwar hat er erstmals einen aus Bambus geschnitzten Teelöffel sowie einen ebenfalls aus Bambus gefertigten Untersatz für den Deckel des Heißwasserkessels benutzt, für

Interieur des Teehauses *Ankantei* [des »Pavillons der Muße«], Ueda-Sôko-Schule, Hiroshima

das Kaltwassergefäß Shigaraki- und für das Spülwassergefäß Bizen-Keramik verwendet; und schließlich hat er ausdrücklich darauf bestanden, auch solche Gegenstände in die Teezeremonie aufzunehmen, die von anderen Teeliebhabern wegen irgendwelcher Unvollkommenheiten zurückgewiesen worden sind. Mit solchen Vorgaben, seiner Vorliebe für naturbelassene Materialien sowie die unglasierten, aus groben Tonen gefertigten Bizen- und Shigaraki-Gefäße hat Takeno Jôô mit seinem *sôan no cha* zugleich auch noch den Stil des *wabicha* ins Leben gerufen, den Sen no Rikyû alsbald zur höchsten Stufe des Teeweges erheben sollte.

... Sen no Rikyû

Ihre eigentliche Vollendung erfuhr die Teezeremonie durch ebendiesen Sen no Rikyû (1521–1591), der den *wabicha* seines Lehrers Takeno Jôô zur vollen Entfaltung brachte. Als Haupt-Teemeister der beiden mächtigsten Männer seiner Zeit, der Feldherren Oda Nobunaga und Toyotomi Hideyoshi, hatte er zwar auch luxuriöse Teegesellschaften im Stil des *shoin no cha*, des Schreibzimmer-Tees, auszurichten – und er beherrschte wie kein anderer unter den vielen bedeutenden Teemeistern jener Tage die Prachtentfaltung der Momoyama-Zeit (1573–1615) –, als einziger Bürgerlicher hatte er sogar Zugang zum kaiserlichen Hof, wo er für den *Tennô* höchstpersönlich Teezusammenkünfte veranstaltete. Gleichwohl verstand er sich selbst als *wabicha-jin* als »Menschen des *wabicha*«, des »Tees der absoluten Schlichtheit«, der nicht nur den Teeraum noch weiter, nämlich auf drei oder sogar nur

Teeschale, schwarzes *Raku* im Stil der von Chôjirô geschaffenen frühen *Raku*-Schalen; Edo-Zeit

zwei Matten verkleinerte, sondern als Teegerät grobe Keramiken bäuerlicher Herkunft, oder auch dem bürgerlichen Alltag entnommen, bevorzugte und den großen, seiner Herkunft nach koreanischen Töpfer Chôjirô dazu angeregt hat, ganz schlichte, schwarze oder rote Teeschalen zu gestalten. Mit diesen so genannten *Raku*-Schalen hat Sen no Rikyû der Entwicklung der japanischen Teekeramik einen durchgreifenden Anstoß gegeben, der bis heute nachwirkt: Was die Teeschalen vieler bedeutender Töpferkünstler noch des heutigen Japan auszeichnet, ist ohne das Vorbild der unüberbietbar schlichten und zugleich großartigen *Raku*-Gefäße des Chôjirô nicht denkbar. Ein weiterer entscheidender Anstoß kam aus den Töpferdörfern der Insel Kyûshû: Dort hatte Hideyoshi nach seinem missglückten Eroberungsfeldzug gegen Korea unter Tausenden zwangsdeportierter Handwerkerfamilien auch koreanische Töpfer angesiedelt, deren unprätentiöse, wie selbstverständlich geformte Gebrauchskeramik den Kunstgeschmack der gebildeten Japaner jener Tage zutiefst beeindruckte, möglicherweise gerade unter dem Einfluss des *wabicha* Sen no Rikyûs. Wie groß die künstlerische (und spirituelle) Autorität dieses Mannes gewesen ist, lässt sich auch daran ablesen, dass seine Maßstäbe für den Teeweg noch heute in sämtlichen Teeschulen Japans unbedingte Gültigkeit besitzen.

Eine weitere Neuerung Sen no Rikyûs, die von seinen Zeitgenossen geradezu mit Begeisterung aufgenommen wurde, ist der niedrige oder »Kriecheingang«, ein Geviert von etwa 60 mal 65 Zentimeter Seitenlänge, der den Gästen nur in gebückter Haltung und auf den Knien rutschend (was ihm seinen Namen gegeben hat) Einlass gewährt. Noch mehr als die papierbespannten Fenster grenzt dieser Eingang zum Durchkriechen den Teeraum von der Außenwelt ab und definiert ihn als einen besonderen Ort. Zusammen mit der – ebenfalls von Sen no Rikyû erfundenen – Schwertablage an der Außenwand des Teehauses (dort mussten die Samurai vor dem Betreten des Teeraumes auf zwei gesonderten Ebenen ihre Lang- und Kurzschwerter ablegen) macht der zur Demut zwingende Kriecheingang deutlich, dass alles weltliche Gepränge, alle Insignien von Würde und Macht, alle Rang- und Standesunterschiede aus dem Teeraum ausgeschlossen sind. Der im Stil der Einsiedlerhütte gestaltete Teeraum war für (und ist seit) Sen no Rikyû ein herausgehobener, ein kultischer Ort, und der Vollzug der Teezeremonie selbst ist sowohl Ausdruck von als auch fortwährende Einübung in Spiritualität. Sen no Rikyû, der sich, gleichfalls im Daitokuji, über Jahrzehnte hin der Zen-Übung gewidmet und Zeit seines Lebens engen Kontakt zu Zen-Klöstern und -Meistern unterhalten hat, übernahm die vier Leitbegriffe des Murata Jukô und setzte – in leichter Abwandlung gegenüber seinem Vorgänger – fest, dass bei jeder einzelnen Teegesellschaft Gastgeber und Gäste sich darum bemühen sollen, miteinander viererlei zu verwirklichen: Harmonie, Ehrfurcht, Reinheit und Stille. Dem gleichen spirituellen Ziel diente auch die Übernahme einer weiteren Neuerung Takeno Jôôs durch Sen no Rikyû, nämlich des Teegartens mit seinem Pfad aus Trittsteinen, der den Gast aus den Niederungen der irdischen Welt in eine Sphäre geistig-moralischer Erhebung hinüberführt.

Dass für Sen no Rikyû der spirituelle Aspekt der Teezeremonie gegenüber der gemeinsamen Freude an der Schönheit und Eleganz von Bildern, Kalligraphien und Teegeräten, ja erst recht gegenüber dem Zurschaustellen von Kunstschätzen seitens des Gastgebers absoluten Vorrang besaß, das zeigt sich nicht nur in seiner Vorschrift, für eine Teeveranstaltung statt ausgesuchter Kostbarkeiten ganz einfach das zu verwenden, was an Gerätschaften gerade zur Hand ist. Es zeigt sich vor allem in der Forderung, jedes Mal aufs Neue im Teeraum und durch den gemeinsamen Vollzug der Zeremonie hier und jetzt das Reine oder Lotos-Land des Buddha Amitâbha (jap. Amida) Wirklichkeit werden zu lassen – was es damit genauer auf sich hat, können Sie dem Kapitel »Teeweg und Zen – ein einziger Geschmack« entnehmen. Deutlicher als durch diese Forderung kann der unbedingte Vorrang des Spirituellen in der Teezeremonie des Sen no Rikyû nicht zum Ausdruck kommen. Anders gesagt: Die innige Verbindung, ja Verschmelzung von Zen-Buddhismus und *cha no yu* hat mit diesem überragenden Teemeister ihren Kulminationspunkt erreicht.

Teeschale in »Schuhform«, von Furuta Oribe bei den Töpfern
von Mino in Auftrag gegeben; Momoyama-Zeit

Und darüber hinaus:
Daimyôcha – der »Tee der Landesfürsten«

Furuta Oribe ...

Sen no Rikyûs bedeutendster Schüler war Furuta Oribe (1544–1615), durch den bereits eine tief greifende Veränderung einsetzte. Dank seiner engen Beziehungen zu den beiden ersten Tokugawa-Shôgunen sowie zu Kaiserhaus und Hofadel war er für ein Vierteljahrhundert unumschränkter Herrscher im Reich des Tees. Unter seinem Einfluss wandelte sich der *sôan no cha*, der »Tee in der Einsiedlerhütte«, zum *daimyôcha*, dem »Tee der Landesfürsten«: Der rege gesellschaftliche Austausch zwischen Furuta Oribe und den mächtigsten Feudalherren und ihren wichtigsten Gefolgsleuten führte zwangsläufig dazu, dass die Teezeremonie immer stärker von den Geschmacksvorstellungen des Schwertadels geprägt wurde. Dem kamen auch Oribes eigene Neigungen entgegen. So schuf er statt der einfarbig-schlichten *Raku*-Schalen, wie Sen no Rikyû sie bevorzugt hatte, Teegefäße von ungleichmäßiger Form, namentlich die seitlich eingedrückte so genannte Schuhform, Gefäße mit auffälligem, teils kühnem Dekor, in kräftigen Farben gehalten: Schwarz und Weiß herrschen auf der Oribe-Keramik vor sowie leuchtendes Rot und Grün. Mag auch Oribe selbst durchaus noch vom Geist des Zen durchdrungen gewesen sein, so drängten sich doch gerade in dem von ihm begründeten *daimyôcha* die für die

Momoyama-Zeit ansonsten typischen Tendenzen einer profanen Lebensfreude und Vorliebe für weltlichen Genuss mehr und mehr in den Vordergrund.

... Kobori Enshû, Ueda Sôko, Katagiri Sekishû

Diese Entwicklung hat sich bei Oribes Schüler Kobori Enshû (1579–1647) fortgesetzt. Dieser Mann, vielseitig begabt und hochgeachtet als Dichter, Kalligraph und Keramiker, hat sich vor allem als Gartenarchitekt hervorgetan. Wie sein Mitschüler und Freund Ueda Sôko, von dem gleich noch die Rede sein wird, hat er einige auch heute noch berühmte Tempel- und Palastgärten geschaffen. Für seinen Teestil fanden Zeitgenossen statt des Begriffs *wabi* ausdrücklich die neuartige Bezeichnung *kireisabi*, »in sich ruhende, unauffällige Schönheit«. Seine Teeräume waren still und hell, mit großen Tür- und Fensteröffnungen, und seine Teegeräte waren von stimmungsvoller Farbgebung und ausgewogener Eleganz. Die Bildnische schmückte er gern mit der Kalligraphie eines erlesenen Gedichts.

Wie Kobori Enshû trug auch sein jüngerer Zeitgenosse Katagiri Sekishû (1605–1673) zur weiteren Ausformung des Tees der Landesfürsten bei. Wenn er auch für sich persönlich eindeutig den *wabicha* Sen no Rikyûs bevorzugte, so verpflichtete ihn seine Stellung als Haupt-Teemeister des Shôguns zu einem aufwendigen, auf gesellschaftliche Differenzierung ausgerichteten Stil, wie er dem Geschmacksempfinden und den strengen Vorschriften der herrschenden

Feudalschicht der Edo-Zeit entsprach. Wie Furuta Oribe und Kobori Enshû auch selbst ein Angehöriger der Klasse der *Daimyô*, wählte Katagiri Sekishû nach seinem Rückzug ins Private für seine letzten Lebensjahre einen geradezu entgegengesetzten Lebensstil, indem er sich in einem der Tempel Kyôtos eine winzige Einsiedler-Teehütte errichtete, in der Teeweg und Zen-Meditation seinen Alltag bestimmten.

Eine überraschende Entsprechung findet dieser Lebenslauf in dem des einige Jahrzehnte älteren Ueda Sôko (1563–1650), der mit Kobori Enshû und eben Katagiri Sekishû gemeinsam dem Tee der Landesfürsten seine endgültige Ausprägung verliehen hatte. Auch er zog sich an seinem Lebensabend, nachdem er jahrzehntelang als Teemeister und Gartenarchitekt im Dienst der Mächtigen und Einflussreichen seiner Zeit gestanden hatte, in die Einsamkeit einer Einsiedlerhütte zurück, um dort in ruhiger Beschaulichkeit seinen persönlichen Stil des Teeweges zu entwickeln, in dem sich wesentliche Elemente des *wabicha* mit solchen des *daimyôcha* verbinden. Anders als Kobori Enshû und Katagiri Sekishû entstammte Ueda Sôko keinem *Daimyô*-Geschlecht, hatte überdies das Pech, in der Schlacht von Sekigahara, mit der der Streit um die Nachfolge Toyotomi Hideyoshis endgültig entschieden wurde, auf der Seite der Verlierer zu stehen, fand aber, nach der Aussöhnung mit Tokugawa Ieyasu, dem Begründer des Tokugawa-Shôgunats, durch den im Gebiet des heutigen Hiroshima ansässigen Asano-Clan jene großzügige Förderung, die es ihm erlaubte, sich im Alter als Lehnsmann mit eigenem Grund und Boden ganz dem Zen und der Teezeremonie zu widmen.

Vermischung der Stile:
Vom Beginn der Edo-Zeit bis heute

Auch wenn sich so der »Tee der Landesfürsten« unter den ersten Tokugawa-Shôgunen als der eindeutig vorherrschende Stil etabliert hat, so ist doch der *wabicha* Sen no Rikyûs keineswegs untergegangen. Sein Nachfahr in zweiter Generation, Sen no Sôtan (1578–1658), gab seiner Geringschätzung des *daimyôcha* deutlichen Ausdruck und lehnte für sich selbst jede Dienststellung bei einem Angehörigen der Feudalschicht ab. Er lebte völlig zurückgezogen, in freiwilliger Armut (was ihm den Spitznamen »Bettler-Sôtan« eintrug), um sich, von allen gesellschaftlichen Zwängen befreit, ausschließlich dem *wabicha* widmen zu können. Ja, in seinen letzten Lebensjahren ging er sogar so weit, dass er zu den Teemeistern, die dem »Tee der Landesfürsten« huldigten, jeglichen Kontakt abbrach und nur noch die Zen-Meister des Daitokuji zu seinen Teeveranstaltungen einlud. Andererseits war ihm durchaus bewusst, dass der von Sen no Rikyû begründete Teeweg nur überleben konnte, wenn er die Unterstützung des Shôgunats fand. Deshalb bemühte er sich, und zwar erfolgreich, darum, dass sein Sohn Sen no Sôsa (1619–1672), den er bereits zu seinem Nachfolger als Schuloberhaupt eingesetzt hatte, eine Anstellung als Teemeister im Hause Tokugawa erhielt. Das war der Grundstein für die heute noch lebendige Omotesenke-Schule. Zwei andere Söhne Sen no Sôtans, nämlich Sen no Sôshitsu (1622–1697) und Sen no Sôshu (1593–1675), immerhin die

Teemeister höchst einflußreicher *Daimyô*, wurden ihrerseits zu Begründern weiterer Teeschulen im Geiste Sen no Rikyûs: der Urasenke- und der Mushanokôjisenke-Schule. Auch diese beiden haben überlebt, ja die Urasenke-Schule, eine weltweit operierende Organisation, ist von allen heutigen Teeschulen die weitaus größte, mit 2 Millionen Mitgliedern rund um den Globus!

Es liegt auf der Hand, dass sich auch die Oberhäupter der drei Senke-Schulen, wenn sie denn schon selbst in den Dienst der Shôgune und *Daimyô* traten oder gar, wie es bei der Urasenke-Schule der Fall gewesen ist, Zugang zum kaiserlichen Hof gehabt haben, dem Geschmacksempfinden und dem Bedürfnis der tonangebenden Gesellschaftsschichten nach angemessener Selbstdarstellung nicht entziehen konnten: Sie mussten, ob sie nun wollten oder nicht, Zeremonien in ihr Repertoire aufnehmen, die mit dem Geist des *wabicha* nichts mehr gemein hatten, ja ihm ganz und gar zuwiderliefen – Zeremonien, die kostbare Teekeramik in den Mittelpunkt stellen, Zeremonien, die exakt darauf zugeschnitten sind, hoch und höchst gestellten Persönlichkeiten, einem *Daimyô*, dem Shôgun oder gar dem *Tennô* selbst, die ihrem gesellschaftlichen Rang entsprechende Ehre zu erweisen. Ja, die Senke-Schulen mussten sogar das Spiel einer auf die Spitze getriebenen Prachtentfaltung mitspielen, wenn ein Shôgun oder eine kaiserliche Prinzessin nach dem Vorbild Toyotomi Hideyoshis Teezeremonien mit goldenen Gefäßen zu zelebrieren beliebten.

Auch die übrigen Teeschulen aus den Anfängen der Edo-Zeit entgingen dem Schicksal einer tief greifenden Anpassung an den Feudalcharakter der Tokugawa-Gesellschaft nicht. Das kann umso weniger Wunder nehmen, als die *Daimyô* höchstpersönlich als Gründer und Förderer eigener Teeschulen in Erscheinung getreten sind.

Und so drängt sich dem Beobachter der zeitgenössischen Chanoyu-Szene die Frage auf: Wo bleibt denn da der Unterschied zwischen den auf Sen no Rikyû zurückgehenden *wabicha*-Teeschulen und den von Furuta Oribe ausgehenden Schulen des *daimyôcha*? Eine Unterscheidung, die auch heute noch durch die Literatur zur Teezeremonie geistert. Die Antwort muss lauten, dass da- zugespitzt formuliert- keiner (mehr) ist: Einerseits haben die *wabicha*-Schulen den gesamten Fundus an Zeremonien, namentlich die *karamono*- und *shin no daisu*-Zeremonien, in sich aufgenommen, die auf würdigen Umgang mit kostbarem und allgemein anerkanntem Teegerät sowie auf die angemessene Ehrerbietung gegenüber Mitgliedern der höheren und höchsten Ränge einer Feudalgesellschaft ausgerichtet sind. Andererseits haben umgekehrt die dem *daimyôcha* zugerechneten Teeschulen die wesentlichen Elemente des von Sen no Rikyû geprägten *wabicha* übernommen und bewahrt: die vom Zen-Geist bestimmte Ästhetik, die schlichte, geradezu ärmlich wirkende Architektur des Teehauses mitsamt seiner auch heute noch verbindlichen Einbettung in den weltabgewandten Teegarten, den verhalten-sparsamen Bild- und Blumenschmuck, die Atmosphäre der Stille und inneren Einkehr, die achtsam-gemessene Handhabung der zeremoniellen Gerätschaften, den Teeraum als den Ort einer aufs Spirituelle zielenden Selbsterziehung, kurz: Teezeremonie als die Verwirklichung des Reinen Landes hier und jetzt. (Und noch bis in die praktische Durchführung formeller Teezusammenkünfte hat sich der *wabicha* Sen no Rikyûs schulübergreifend durchgesetzt.)

All das gilt namentlich für die Kobori Enshû- sowie die Ueda Sôko-Teeschule; es gilt sogar auch für die auf Kanamori Sôwa (1584–1656) zurückgehende Stilrichtung des *dôjôcha*, des »Tees der Paläste«, der eigens für den kaiserlichen Hof und die prunkvollen Wohnsitze des Hofadels entwickelt worden ist. Die Kobori Enshû-Schule ist heute noch vor allem im Südwesten Japans, zumal auf der Insel Kyûshû, lebendig, dort, wo nach wie vor Töpfertraditionen gepflegt werden, die Kobori Enshû selbst einst zu den »Sieben Öfen« der Teekeramik gezählt hat. Die Ueda Sôko-Schule andererseits, die sich in ihrem Selbstverständnis freilich eher als Vertreterin des *bukecha*, des »Tee der Krieger«, denn als eine des *daimyôcha* sieht (ist doch Ueda Sôko kein Angehöriger des Schwertadels, sondern nur Krieger und Feldherr gewesen; und seinen speziellen Stil der Teezeremonie hat er nicht für *Daimyô*, sondern für die großen Feldherren seiner Zeit wie Oda Nobunaga, Toyotomi Hideyoshi und Tokugawa Ieyasu geschaffen) – diese Schule hat ihren hauptsächlichen Wirkungsbereich in der Präfektur Hiroshima und zählt unter den Teeschulen von eher lokaler Bedeutung zu den wichtigeren, mit Außenstellen bis nach Kyôto und Tôkyô.

Ein noch so kurzer Überblick über die Geschichte des Teeweges darf aber weder außer Acht lassen, dass auch in anderen Präfekturen des heutigen Japans eigenständige Stilrichtungen der Teezeremonie überlebt haben, die einst unter dem Patronat der einheimischen *Daimyô*-Familien aufgekommen sind, wie etwa die von Kiyomasa Katô begründete und, nach dessen Sturz, von den Hosokawas übernommene

Higokoryû-Schule in der heutigen Präfektur Kumomoto auf Kyûshû oder die Bizenryû-Schule der Familie Ikeda, einstmals die *Daimyô* der heutigen Präfektur Okayama auf Honshû.

Noch darf unerwähnt bleiben, dass seit dem Ende des Zweiten Weltkrieges so etwas wie eine Chanoyu-Mission rund um den Globus eingesetzt hat. Das Hauptverdienst gebührt dabei der Ursanke-Schule, deren kürzlich zugunsten seines Sohnes zurückgetretener voriger Großmeister, Sen no Sôshitsu XV., der Verbreitung des Teeweges unter anderem auch in Deutschland vielfache Förderung hat angedeihen lassen, erstmals, indem er der Stadt München anlässlich der Olympiade von 1972 ein kostbares Teehaus geschenkt hat, und erst neuerdings wieder durch die Eröffnung eines Seminarzentrums in Gundelfingen bei Freiburg. Wie die Urasenke-, so hat auch die Omotesenke-Schule jenseits der Grenzen Japans breitenwirksame Außenstellen, wenn auch leider nicht in Deutschland, während sich die dritte der Senke-Schulen, die Mushanokôjisenke, auf ihr heimisches Terrain in und um Kyôto zu beschränken scheint. Besonderes Engagement zeigt auch die relativ kleine Ueda-Sôko-Schule, die immerhin im deutschsprachigen Raum, und zwar in Hannover, eine Auslandsniederlassung aufzuweisen hat.

So ist die Teezeremonie nach ihrer mehr als 500-jährigen Geschichte noch keineswegs an ihr Ende gelangt. Ja vielleicht trägt ihre Ausbreitung im Westen sogar dazu bei, Erstarrungen und Verkrustungen aufzubrechen, die ihr in Japan durchaus zu eigen sind, genauso, wie man vom Zen-Buddhismus sagt, dass seine Übertragung in den Westen ihm bereits zu neuer Frische und Lebendigkeit verholfen hat.

Teeweg und Zen – ein einziger Geschmack

Wie bereits erwähnt: Das Ritual der Teezeremonie verlangt einen besonderen, in sich abgeschlossenen Raum; im Idealfall ist das eine aus Holz und Lehm gefertigte Hütte inmitten eines gegen die Außenwelt abgeschirmten kleinen Gartens. Dieser Raum verkörpert eine andere, bessere Welt, jenseits des Alltags, jenseits der Unzulänglichkeiten, jenseits auch aller Gemeinheit und Niedertracht der irdischen Welt. (Das abgelegene Teehaus ist allerdings auch für verschwiegene Beratungen der Mächtigen genutzt und sogar als tauglicher Ort für Meuchelmord missbraucht worden.) Dabei ist es vor allem das Ritual selbst, das durch seinen angemessenen Vollzug den Teeraum in einen gleichsam heiligen Ort verwandelt: ein der mythisch-religiösen Sphäre entstammendes Paradies, das Zuflucht und Befreiung von Schmutz und Leid verspricht. Das Teehaus wird zu einem Buddha-Land, und das ist nicht das Reine Land des Buddha Amitâbha fern im Westen, sondern das Reine oder Lotos-Land hier und jetzt, von dem Hakuin, der große Erneuerer des Zen im Japan des 18. Jahrhunderts, in seinem »Loblied auf die Zen-Meditation« erklärt: »Hier und jetzt ist Lotos-Land, und dieser Leib hier ist nichts anderes als Buddha.«

Nun lässt sich zwar die Teezeremonie nicht einfach mit Zen-Meditation gleichsetzen. Dennoch gilt, auch für einschlägig kundige Japaner, dass »der Sinn des Erlernens von Zen und des Erlernens des Teeweges letztlich derselbe ist: Die Teezeremonie ist gewissermaßen eine ästhetische Manifestation des Zen beziehungsweise eine Möglichkeit, Zen in der Welt der Schönheit zu praktizieren, und einen Teemeister (gemeint sind die großen Teemeister der Vergangenheit) hätte man als einen Zen-Mönch bezeichnen können, der in der Welt der Schönheit lebt.«[6] Auch die Fortsetzung des Zitates sei hier noch einmal angeführt, um damit das mögliche Ziel einer überfälligen Erneuerung des Teeweges anzudeuten, die vermutlich im Westen eher als in Japan selbst zu leisten ist, nämlich die Rückbesinnung auf das Erbe der ursprünglichen, heute aber weithin aus der Teezeremonie entschwundenen Zen-Spiritualität: »Nicht alle Schüler des Teeweges sind sich dessen bewusst, aber es *war* das Ideal der Zeremonie, dass ihr Geist mit dem Geist des Zen ganz und gar übereinstimmen sollte.« Doch warum sollte das nur in der Vergangenheitsform zu formulieren sein?

Spurensuche

Was auch immer es mit Sen no Sôtans Wahlspruch *cha zen ichimi*, »Teezeremonie und Zen – ein einziger Geschmack«, auf sich haben mag: Ob nun Zen wie *usucha* oder *koicha* schmecken soll oder umgekehrt der dünne und der dicke Tee wie Zen schmecken, nämlich nach Nichts – in der zeitgenössischen *cha no yu*-Szene ist vom Zen-Geist nicht mehr viel zu spüren. Diese (Abwärts-?)Entwicklung hat nicht erst damit eingesetzt, dass Teezeremonie zum Unterrichtsfach in Mädchen-Oberschulen herabgesunken oder von der japanischen Mittelschicht dazu benutzt worden ist (und heute noch wird?), ihren Töchtern bessere Heiratschancen zu sichern. Immer schon hat es auch in Japan starke Tendenzen zu einer auf rein weltlichen Genuss ausgerichteten Kultur gegeben, so bereits in der Momoyama-Zeit (1573–1615), eben der Epoche, in der Sen no Rikyûs spirituell ausgerichteter *wabicha* seinen größten Triumph feiern konnte, oder später in der so genannten *Genroku*-Ära (1688–1704), Tendenzen, die nicht ohne Einfluss auf die Entwicklung des Teeweges geblieben sind. Der Vorbildcharakter, den Lebensstil und Wertvorstellungen insbesondere der *Daimyô* und Samurai während der gesamten Tokugawa-Zeit (1615–1868) besessen haben, sowie der nicht minder wirksame Einfluss des aufstrebenden und später dominanten Bürgertums in der Meiji-, Taishô- und dem ersten Drittel der Shôwa-Zeit (1868–1945) haben es mit sich gebracht, dass die Merkmale, die der Geist des Zen der Teezeremonie einst aufgeprägt hat, unter den Ablagerungen der Geschichte scheinbar verschwunden sind. Aber sie sind durchaus noch vorhanden; machen wir uns also auf die Suche.

Allerlei Fundstücke:
die Teeschale hon-rai mu ichi motsu

Nicht selten kann man in Japan Teeschalen in die Hand bekommen, auf deren Schmuckseite sich die zwar nicht gerade fotorealistische, aber doch eindeutige Abbildung des Stûpa von Kushinagara findet. Auch wenn das nicht für jedermann offensichtlich ist, geht es dabei um kein geringeres Monument als dasjenige, das über dem genau lokalisierbaren Ort errichtet wurde, an dem der historische Buddha ins Parinirvâna eingegangen ist, und das dessen sterbliche Überreste bergen soll. Ein solcher Bildschmuck auf einer *chawan* deutet immerhin schon an, dass da irgendein Zusammenhang zwischen Buddhismus überhaupt und Teezeremonie besteht und die Erinnerung daran noch irgendwie lebendig ist. Zwei andere Ornamente, die sich ebenso häufig auf zeitgenössischen Teeschalen finden: der mit einem einzigen, schwungvollen Pinselstrich gezogene schwarze Kreis auf hellem und leerem Grund, der im Zen-Buddhismus die Erleuchtung, also die Erfahrung der Leere symbolisiert, sowie das Schriftzeichen *mu* (chinesisch *wu*) weisen nunmehr ganz eindeutig auf den Zen-Buddhismus und seine Bedeutung für den Teeweg hin. Zumal der Schriftzug *mu* ganz besonderes Gewicht hat: Es ist die mehr als deutliche Anspielung auf das berühmteste *Kôan* der gesamten Zen-Literatur, auf Jôshûs

MU (ursprünglich und chinesisch: Zhao-zhous *WU*). Die Geschichte ist schnell erzählt: Ein Mönch stellt dem großen, alten Meister Zhao-zhou eine Frage, deren Antwort sich für einen Mahâyâna-Anhänger eigentlich von selbst versteht, also eine im Grunde überflüssige Frage, nämlich die: »Hat auch ein Hund die Buddha-Natur?« Statt dass nun der Meister wahrheitsgemäß mit Ja antwortet, sagt er zur Verblüffung des Mönches: »*WU!*« Das heißt nicht bloß »Nein!«, sondern zugleich auch »Nichts!« (auch das groß geschriebene), aber genauso auch »Nichts da!«, will sagen: »Schlag dir das aus dem Kopf!«. Was auch immer im Einzelnen damit gemeint sein mag – unverkennbar handelt es sich bei der Antwort des Zhao-zhou um einen Hinweis auf den zentralen Punkt des Zen-Buddhismus, nämlich die absolute Leere, das Nichts als unser aller Buddha-Natur. Und eben dieses *WU* oder *MU* auf einer Teeschale lässt sich wohl kaum anders verstehen als so, dass auch der Teeweg letztlich auf nichts anderes als die Erfahrung dieser absoluten Leere und damit auf die Erleuchtung abzielt und dass dieser Zusammenhang auch weiterhin seine grundsätzliche Gültigkeit besitzt. Und noch ein letztes Beispiel: *hon-rai mu ichi motsu*: »Ursprünglich ist da kein einziges Ding.« Gleich fünf Schriftzeichen als Aufschrift einer zeitgenössischen japanischen Teeschale aus unserem Besitz: Bei diesem Satz handelt es sich um ein Zitat aus dem wohl gewichtigsten Kurzgedicht in der Geschichte des Zen-Buddhismus – um die vorletzte, entscheidende Zeile jenes Textes, mit dem der junge Hui-neng, der spätere Schöpfer des eigentlichen Zen, seine frühe und vollständige Erleuchtung unter Beweis gestellt und sich damit die Würde des 6. chinesischen Patriarchen gesichert hat.

Zumindest in der Vergangenheit ist es nicht immer nur die Aufschrift einer Teeschale gewesen, die den Bezug des Teeweges zum Zen-Buddhismus hat herstellen sollen; es konnte auch der Name sein, der einer Teeschale von ihrem Schöpfer verliehen worden ist. So hat kein Geringerer als der große Chôjirô, der Freund und Töpfer Sen no Rikyûs, einer seiner berühmten Roten *Raku*-Schalen eben diesen Namen gegeben: *mu ichi motsu*, »kein einziges Ding« – eine *chawan*, die noch heute in den einschlägigen Publikationen unter ihrem alten Namen geführt wird.

Allerlei Fundstücke: bokuseki *– die »Tuschespur«*

Gehen wir einen Schritt weiter und wenden uns den Kalligraphien zu, die den Teeraum, genauer dessen Bildnische schmücken: In Japan hängt man auch heutzutage bei herausgehobenen Anlässen bevorzugt – wenn vorhanden – die Kalligraphie eines berühmten Zen-Meisters der Vergangenheit in die Bildnische, oder man schmückt sie mit dem Werk eines zeitgenössischen Zen-Meisters oder mit einer Kalligraphie von der Hand eines verstorbenen Teemeisters, die einen bekannten Zen-Ausspruch oder eine im Geiste des Zen formulierte eigene Wortschöpfung zum Inhalt hat – solche vom Zen-Geist inspirierten Kalligraphien tragen den Namen *bokuseki*, und das meint die Spur, die der tuschegetränkte Pinsel bei der für Zen-Kalligraphien charakteristischen spontanen Schreibbewegung auf dem Papier hinterlässt. So können Teegäste in der Bildnische eines beliebigen Teehauses die beiden Schriftzeichen *mu shin* oder *mu ga* vorfinden oder eine Formulierung wie: »Der Geist bewegt sich nicht.« Derartige Texte sind nicht so sehr Tatsachenfeststellungen als vielmehr Aufforderungen, sowohl an den Gast wie auch eine des Gastgebers an die eigene Adresse. Bei den beiden ersten Texten drängt sich der Zen-Gehalt geradezu auf. *Mu shin* heißt »Nicht-Geist«, »Nicht-Denken«, und *mu ga* »Nicht-Ich«, »Kein Selbst«. Das eine fordert uns, wenn wir ihm in der Bildnische eines Teeraumes begegnen, dazu auf, den Zustand des Nichts-mehr-Denkens, das Ziel der *Zazen*-Übung im Zen-Buddhismus, auch hier und jetzt bei der Teezeremonie zu verwirklichen, zumindest anzustreben; und das zweite meint nicht Selbstlosigkeit im Sinne altruistischen Handelns, sondern zielt auf den Zustand völliger Selbstvergessenheit, die nur die andere Seite des Nichts-mehr-Denkens darstellt. Und der dritte Text, bestehend aus den drei Schriftzeichen für »Geist«, »nicht« und »fließen«, ist eine frei formulierte Anspielung auf ein bekanntes Zen-Wort, das da lautet: »Nicht der Fluss fließt dahin, sondern die Brücke«, oder anders gesagt: »Die Brücke ist es, die dahinfließt, der Fluss aber steht still«. Auch dieser Satz fordert uns, zumindest in seinem zweiten Teil, unmissverständlich dazu auf, mitten im Fluss der Zeit, im Fluss des unaufhörlichen Geschehens, auch im Fluss unserer eigenen Gedanken, Gefühle, Wünsche und Bestrebungen, zu einer Tiefe vorzustoßen, in der es keine Bewegung mehr gibt. Doch in diesem Zustand gerade nicht zu verharren, sondern – ohne aus ihm herauszutreten – sich tätig mitten im Alltag zu bewegen, ist das besondere Kennzeichen des Zen; und eben damit hat der andere Teil des Satzes zu tun, dass es die Brücke ist, die fließt. Mehr sei nicht verraten; worauf es hier ankommt, ist vielmehr der Sachverhalt, dass die Teezeremonie sich durch die Verwendung solcher Kalligraphien immer noch ausdrücklich zu diesem Grundprinzip des Zen bekennt, ja sich selbst dahin gehend definiert, auch ihrerseits nichts anderes als die Verwirklichung dieses Grundgedankens anzustreben. Und in der Tat: Der Vollzug der Teezeremonie, ob nun in der Rolle des Gastgebers oder der des Gastes ausgeübt – was ist er anderes als ein im wortwörtlichen Sinne Tätigsein, ein wenn auch stilisiertes, ja ritualisiertes, aber in seinem Kern ganz alltägliches Tun. Und wenn das in der Verfassung des *mu shin* oder *mu ga* ausgeübt wird, erfahren wir eine Ahnung eben jenes frei fließenden Lebensvollzugs, den Hui-neng, der oben erwähnte 6. Patriarch, als das entscheidende Merkmal des erleuchteten Geistes herausgestellt hat: Teezeremonie mithin als in eine zwar eng umgrenzte, aber konkrete Praxis gewendetes Zen.

Geradezu unverhüllt tritt der Anspruch des Zen, die Teezeremonie zu durchdringen, in einer für den Teeraum geschriebenen Kalligraphie des gegenwärtigen Sôgenji-Abtes Harada Shôdô Rôshi hervor, die er uns, ihm durchaus als *chajin*, als Anhänger des Teeweges bekannt, als Abschiedsgeschenk überreicht hat: Ein wuchtiges *ENSÔ*, der leere Kreis als Symbol der Erleuchtung, *mu jin zô* überschrieben: »Ein Schatz, der sich niemals erschöpft«.

Auch hier zum Abschluss noch ein Beispiel, in dem Vergangenheit und Gegenwart ineinander greifen: Zu den kostbarsten Schätzen der Mushanokôjisenke-Schule gehört eine Kalligraphie von der Hand des legendären Daitokuji-Abtes Ikkyû Sôjun (1394–1481), eines der bedeutendsten Zen-Meister Japans, der zugleich der spirituelle Führer des

Kalligraphie *mu jin zô* [»Ein nicht zu erschöpfender Schatz«]

Sen no Rikyû-Vorgängers Murata Jukô gewesen sein soll – eine Kalligraphie, die nicht etwa nur im *okura*, dem Schatzhaus dieses Zweiges der Senke-Sippe, sicher aufbewahrt, sondern bei herausgehobenen aktuellen Teeveranstaltungen auch tatsächlich den Gästen in der Bildnische präsentiert wird. Und was findet sich auf dieser – in den Kreisen der *chajin* besonders hoch geschätzten – Kalligraphie: genau jene bereits erwähnten fünf Schriftzeichen aus dem Erleuchtungsgedicht des Hui-neng: *hon-rai mu ichi motsu*, »Ursprünglich ist da kein einziges Ding«. Auf die Frage nach Sinn und Zweck gerade dieses Textes in der Bildnische eines Teeraumes gibt es eine ganz eindeutige Antwort: Der Gast, ob Mann oder Frau, soll sich beim aufmerksamen Betrachten dieser Schriftrolle dazu aufgefordert wissen, durch die sich anschließende, gemeinsam mit dem Gastgeber auszuführende Teezeremonie ebenjenen Geisteszustand anzustreben, in dem es »nichts mehr gibt, weder die Dinge um uns herum noch uns selbst«, mithin den Zustand der völligen Leere des Bewusstseins, der seit jeher das Ziel der Zen-Meditation darstellt. Und eben dieses *hon-rai mu ichi motsu* steht auch bei anderen Schulen als Devise für den Teeraum hoch im Kurs – warum das so ist, soll im Folgenden noch näher zur Sprache kommen.

Allerlei Fundstücke:
der Mythos vom Reinen Land

Als Nächstes wäre da die Sache mit dem Reinen Land, die auch heute noch fortwirkt: Bekanntlich hat ja Sen no Rikyû, die überragende Gestalt unter den Gestaltern des Teeweges, davon gesprochen, dass mit jeder Teezusammenkunft, wenn nur in der gehörigen Weise zelebriert, im Teeraum das Reine Land Wirklichkeit wird. Um den Sinn dieser Aussage deutlich machen zu können, müssen wir weiter ausholen. Es gibt da im Mahâyâna-Buddhismus die Vorstellung von Reinen Ländern, gleich mehreren, und zwar mindestens in jeder der vier Haupt-Himmelsrichtungen eines. Besondere Bedeutung für die Gläubigen haben davon zwei erlangt, das Reine Land Sukhâvatî (das »glückvolle«) des Buddha Amitâbha fern im Westen und das Land Abhirati (»Reich der Freude«) des Buddha Akshobhya fern im Osten. Bei allen Reinen Ländern handelt es sich um Paradiese oder auch »Inseln der Seligen« in den unermesslichen Weiten eines als mehrfach unendlich gedachten Weltalls, wo die Seelen der Gläubigen nach dem Tod unter der Anleitung und Obhut des jeweils regierenden Buddha ein vollkommenes Leben führen, vollkommen nicht nur im Sinne eines ungetrübten Glücks, sondern vor allem im Sinne einer makellosen Verwirklichung der buddhistischen Morallehre. Zumal das Land Sukhâvatî des Buddha Amitâbha, für die japanischen Gläubigen trägt er den Namen Amida, unvorstellbar viele unvorstellbar große Wegstrecken westlich der von uns bewohnten Welt, hat sich den Menschen des

Fernen Ostens tief und dauerhaft eingeprägt. So bilden noch heute in Japan die Anhänger des Amida-Kultes die größte Religionsgemeinschaft, neben der die Vertreter des Zen-Buddhismus eine verschwindende Minderheit sind. Die Vorstellung eines Reinen Landes – und das meint also zunächst und vor allem das Land Sukhâvatî des Buddha Amitâbha – ist mithin keine Zen-spezifische Angelegenheit, wohl aber ein nicht unwesentliches Lehrelement, das schon im China der Song-Zeit Eingang in den Chan-Buddhismus, die chinesische Version des japanischen Zen-Buddhismus, gefunden hat. So kann es nicht überraschen, dass auch Sen no Rikyû bei seiner gründlichen Zen-Schulung im Daitokuji, dem »Tempel der Großen Tugend« in Kyôto, den Begriff des Reinen Landes in sein Denken mit aufgenommen hat.

Doch was soll es heißen, dass – heute nicht weniger als früher – ein solch weit entlegenes Paradies während einer Teezeremonie hier und jetzt Wirklichkeit werden soll? Nun, Zen ist gerade nicht von der Sehnsucht nach einer anderen, erst nach dem Tod erreichbaren Welt beherrscht, einer Welt, wie sie jenseitiger nicht sein kann, sondern ist ganz im Gegenteil durch das Ideal einer unbedingten Diesseits-Bejahung gekennzeichnet: Das vollkommene Leben, allerdings nur das des Erleuchteten, findet eben hier und jetzt statt; die Mängel und Unvollkommenheiten, die Nöte und Leiden der Welt sind für den Erleuchteten kein Hindernis, bereits hier und jetzt vollkommene Glückseligkeit zu erfahren. Aber halt: Soll der Satz des Sen no Rikyû etwa besagen, dass uns eine einzige Teezeremonie bereits in den Zustand der Erleuchtung versetzt?! Das wäre ja wunderbar! Wir brauchten uns nur ein einziges Mal zur Teezeremonie einladen zu lassen, und schon wären wir erleuchtet, hätten wir erreicht, wonach ernsthafte Buddhisten ihr Leben lang streben!

Nein, so ist es selbstverständlich nicht! Wie im Amida-Buddhismus der Aufenthalt im Reinen Land Sukhâvatî keineswegs bereits den Zustand der Erleuchtung bedeutet, allenfalls eine Vorstufe dazu (der Buddha Amida verspricht allen, die an ihn und seine grenzenlose Güte glauben, ihnen nach mehr oder weniger langem Verweilen in seinem Buddha-Land die Erleuchtung erst noch zu schenken), so kann auch das Erlebnis einer Teezusammenkunft allenfalls einen erleuchtungsähnlichen Zustand vermitteln. Es sei denn, die Teezeremonie wird von bereits Erleuchteten zelebriert, Gästen wie Gastgeber gleichermaßen; dann wäre in der Tat der Teeraum in ein Reines Land verwandelt, nicht anders allerdings als jeder andere Ort, an dem ein Erleuchteter weilt, als jedes andere Tun, wenn im Zustand der Erleuchtung vollzogen: Nicht das Reine Land macht den Erleuchteten, sondern die Erleuchtung das Reine Land. Und dementsprechend hat Sen no Rikyû mit seiner Gleichsetzung von Teezeremonie und Reinem Land in Wahrheit wohl sagen wollen, dass ein lebenslanges Bemühen um die Teekunst den *chajin*, den Menschen des Teeweges, schließlich zur Erleuchtung führt, nicht anders, als der Zen-Anhänger es sich vom eigentlichen Zen-Weg erhofft.

Freilich, so sehr der Teeraum auch von den zeitgenössischen Teeschulen immer noch als ein besonderer, Ehrfurcht heischender Ort behandelt wird, in dem an menschliches Verhalten höhere als alltägliche Anforderungen gestellt sind – die Aufforderung, durch das eigene Bemühen auf dem Teeweg Erleuchtung anzustreben, wird Teeschülern wohl nirgendwo mehr »zugemutet«. Das kann jedoch kein Hinderungsgrund sein, uns auf die ursprüngliche spirituelle Zielsetzung des Teeweges zu besinnen und uns in unserer *cha no yu*-Praxis von ebendiesem nach wie vor von keinem »Fortschritt« überwundenen Ideal leiten zu lassen.

Allerlei Fundstücke:
ein »Knigge« für den Teeraum

Aber wie sollen wir es schaffen, als die noch nicht Erleuchteten, die wir ja normalerweise sind, dem Teeraum durch den Vollzug einer Teezeremonie auch nur annähernd den Charakter eines Reinen Landes zu verleihen? Nun, da hält Sen no Rikyû seine bereits erwähnten vier Leitbegriffe für uns parat. Bei jeder Teeveranstaltung sollen alle Beteiligten sich bemühen, viererlei zu verwirklichen: Harmonie, Ehrfurcht, Reinheit und Stille. Das erste Begriffspaar hat allerdings nichts Zen-Spezifisches an sich. Harmonie und Ehrfurcht, das Bemühen, sich wechselseitig entgegenzukommen und freundlich-wohlwollend aufeinander einzustellen sowie die im konkreten Verhalten sich äußernde gegenseitige Wertschätzung haben ihre Wurzeln eher im Konfuzianismus, genauer gesagt, im Neo-Konfuzianismus, wie er im Songzeitlichen China zur vorherrschenden und sogar staatstragenden Philosophie aufgestiegen ist und von China aus auch auf die japanische Mentalität tief greifenden Einfluss gewonnen hat. Doch die Harmonie und Ehrfurcht, um die es bei der Teezeremonie geht, besitzen noch einen anderen Aspekt, der auf eher spezifisch japanischen Kulturtraditionen beruht, einer demütig-verehrungsvollen Naturverbundenheit und einem ausgeprägten Schönheitssinn bis hin zu einem immer wieder erstaunlichen Feingefühl für geschmackvolle Arrangements (man denke nur ans Ikebana, die Kunst des Blumensteckens). Und zwar umfasst die Forderung nach Harmonie neben dem zwischenmenschlichen Bereich auch den der verwendeten Gegenstände bis hin zur Einordnung des menschlichen Tuns in den umfassenden Naturzusammenhang. So sollen die Teeutensilien einschließlich des Wandschmucks in der Bildnische und des teespezifischen Blumengestecks nicht nur zueinander passen, sondern auch zu den Besonderheiten der Jahres- und Tageszeit, zu der die jeweilige Teeveranstaltung stattfindet. Und entsprechend zielt auch die zweite Forderung, die nach Ehrfurcht, über das Zwischenmenschliche hinaus darauf ab, dass sowohl Gastgeber wie Gäste gegenüber allen Bestandteilen der Teezeremonie, von den vielfältigen Produkten menschlicher Kunstfertigkeit bis hin zum Blumengesteck, das den großen Naturzusammenhang vertritt, eine geradezu andächtige Ehrfurcht an den Tag legen.

Eindeutig buddhistische und sogar spezifisch Zen-buddhistische Implikationen weist hingegen das zweite Begriffspaar auf. Denn die dort angesprochene Reinheit meint vor allem eine spirituelle Reinheit, so sehr es bei der Vorbereitung der Teezusammenkunft auch darauf ankommt, dass der Gastgeber Teegarten und Teehaus gereinigt, den Weg aus Trittsteinen säuberlich gefegt und im Wasserbecken frisches, klares Wasser bereitgestellt hat, und so groß der Anteil auch sein mag, den die verschiedenen Reinigungshandlungen während der Zeremonie selbst einnehmen: All diese äußerlichen Reinigungen sind nur Symbol und Verweis auf die eigentlich intendierte, die innere Reinheit des Geistes, des Herzens. Und bei der geht es – so sehr auch der Shintoismus, die altjapanische Naturreligion, gleichfalls sowohl äußere als auch innere Reinheit fordert – letztlich um nichts anderes als drei grundlegende Forderungen der buddhistischen Ethik, nämlich rechtes Denken, rechte Rede und rechtes Handeln, zentrale Elemente des »Achtfachen Pfades«. Und spezifisch Zen-buddhistische Bedeutung kommt dann dem vierten und letzten Leitbegriff zu, dem der Stille. Diese Stille will nämlich mehr sein als bloß ein innerliches zur Ruhe Kommen, von der äußeren Stille, die den Teeraum während des Vollzugs der Zeremonie erfüllt, ganz abgesehen. Stille meint die Stille des Geistes, und zwar die absolute Stille des Geistes, das Nicht-Denken des *mu shin*, jenen Zustand, in dem sich kein einziger Gedanke mehr regt, nicht einmal der, dass sich da kein Gedanke mehr regt. Das ist der Zustand des absoluten Samâdhi, auf den die gesamte Zen-»Meditation« abzielt (Meditation in Anführungszeichen, weil das dem Lateinischen entlehnte Wort »meditieren« besagt, dass wir uns – wenn auch in höchster Konzentration – ganz im Gegenteil Gedanken machen). Allerdings sollten wir uns darüber im Klaren sein, dass solches Nicht-Denken keineswegs mit Untätigkeit, Erstarrung, gar Todesstarre gleichgesetzt werden darf. Vielmehr geht es beim *mu shin* darum, aus solchem Nicht-Denken heraus in der Freiheit einer ungehinderten, einer unbedingten Spontaneität eben handeln zu können. Und die Teezeremonie ist, unter Zen-buddhistischem Aspekt betrachtet, nichts anderes als die kunstvoll arrangierte besondere Gelegenheit, genau solches »Handeln aus Nicht-

Denken« zu praktizieren. Das am eigenen Leib zu erfahren, ob nun in der Rolle des Gastes oder des Gastgebers, heißt, den Geschmack des Zen zu spüren: *cha zen ichim* – Tee und Zen sind in der Tat ein einziger Geschmack. Und das ist der Geschmack der Stille, des Friedens, der Lebensfreude, der ungehinderten Lebendigkeit. Der Geschmack der Freiheit – so paradox das klingen mag, angesichts der Tatsache, dass bei diesem Tun jede einzelne Bewegung bis ins Kleinste vorgeschrieben ist.

Kurzes Innehalten

Wenn wir aber, wie in den beiden letzten Abschnitten geschehen, regelrecht als Archäologen auftreten und in der Vergangenheit des Teeweges nachgraben, müssen wir uns dann nicht eingestehen, dass wir mit der Berufung auf das, was bei solchen Ausgrabungen zutage tritt, uns in strikten Gegensatz zu dem bringen, was die Teezeremonie heute wirklich ausmacht? Eine Teezusammenkunft, bestehend aus dem *kaiseki*, dem zeremoniellen Essen als Einleitung, der Zubereitung des *koicha* oder Teebreis als dem herausgehobenen Mittelstück und schließlich der *usucha*-Zeremonie, die den Charakter einer Abrundung, eines Ausklanges hat – eine solche Veranstaltung ist doch zunächst einmal Ausdruck einer typisch japanischen Gastlichkeit und hat insofern mit dem Zen-Buddhismus und seiner spezifischen Zielsetzung nichts zu tun. Eine zweite Eigentümlichkeit, die gleichfalls nicht gerade dem Umkreis des Zen-Buddhismus entstammt (und das auch gar nicht vorgibt), besteht in der besonderen

Aufmerksamkeit, die der Kostbarkeit des verwendeten Geräts zuteil wird: Der Gastgeber findet Gelegenheit, seine Schätze zu präsentieren und dabei zugleich seinen Gästen Ehre zu erweisen, ja die Auswahl der einzelnen Stücke erlaubt ihm sogar eine differenzierte Abstufung der Ehre, die er dem jeweiligen Gast, den jeweiligen Gästen erweisen möchte. (Und zur Rolle des Gastes gehört es, die präsentierten Kostbarkeiten mit allem nötigen, allem ihm abgenötigten Respekt zu bewundern.)

Und schließlich kann keine Rede davon sein, dass während einer Teezusammenkunft Stille in Gestalt eines unverbrüchlichen Schweigens herrschte. Ganz im Gegenteil: Während des *kaiseki* findet unter den Gästen sehr wohl Unterhaltung statt, ja es wird sogar Sake, bisweilen sogar reichlich Sake getrunken (nur daran beteiligt sich auch der Gastgeber, nicht am eigentlichen Essen), ein Zeremoniell, bei dem sogar so etwas wie Ausgelassenheit aufkommen darf; und beim dünnen Tee ist ein lockeres Gespräch, in das auch der Gastgeber einbezogen wird, fast schon Pflicht. Immerhin aber verlangt das Herz- und Mittelstück des Ganzen, die *koicha*-Zeremonie, von allen Beteiligten vollen, gesammelten Ernst, ungeteilte Aufmerksamkeit und eine geradezu andächtige Stille. Hier zumindest hat sich Zen-Spezifisches bis in die Gegenwart erhalten, hat die Stille des Geistes ihre wenn auch keineswegs ungeschmälerte Chance. Die Teezeremonie des 20. und 21. Jahrhunderts ist demnach, so viel ließe sich zusammenfassend sagen, wie ein farbenprächtiges Gewebe, in das unterschiedlichste Garne zu einem bunten Muster verwoben sind, ein Gewebe freilich, das so, wie es heutzutage gewirkt ist, eher die anderen Garne: Gastlichkeit, Wohlbefinden der

Heißwasserkessel in Melonenform, aus dem Nachlass des Ueda Sôko (Momoyama-Zeit): ein gutes Beispiel für die Schönheit und Kostbarkeit erlesener Teegerätschaften

Gäste, wechselseitige Höflichkeit und Kennerschaft in Kunstdingen, hervortreten lässt, als dass Zen-Buddhismus das beherrschende Element abgäbe.

Das Zeugnis der alten Meister

Haben wir bisher nach den Spuren Ausschau gehalten, die der Zen-Buddhismus bis heute in der Teezeremonie hinterlassen hat, so kehren wir nunmehr die Blickrichtung um. Wir lassen die Vergangenheit, insbesondere die heroische Epoche der *cha no yu*-Patriarchen Glanz und Licht in die Gegenwart werfen. Und zwar sollen die drei Männer, die dem Teeweg sein mustergültiges Gepräge verliehen haben, in Selbstzeugnissen, direkten oder indirekten, zu Wort kommen.

Jukôs »Ruhe des Herzens«, Rikyûs »Klarheit des Geistes«

Schon Murata Jukô (1422-1502), der Begründer des eigentlichen Teeweges, hat in seinen »Fünf Verhaltensregeln für den Teeraum« formuliert: »Wenn man in den Teeraum einkehrt, sollen die Herzen von Gast und Gastgeber ganz ruhig werden und sich keinesfalls durch andere Gedanken ablenken lassen. Das ist das Wichtigste, in seinem Herzen zu verweilen und keiner Äußerlichkeit mehr Bedeutung zuzumessen«[7]. Und Sen no Rikyû (1521-1591), der Vollender dessen, was mit Murata Jukô seinen Anfang genommen hat, wird im *Nambôroku* wie folgt zitiert: »Darüber hinaus ist es auch für Gastgeber und Gäste von größter Wichtigkeit, reinen, klaren Geistes zu sein. Aber es geht eben nicht darum, nur während einer bestimmten Teegesellschaft seinen Geist rein und klar zu halten. Denn der Teeweg selbst ist seinem Wesen und seiner wahren Bedeutung nach ein WEG der spirituellen Erweckung und Verwirklichung, der von Menschen, die sich nicht geläutert und von den irdischen Verhaftungen befreit haben, nur schwer zu begehen ist.«[8]

Dazu einige wenige, vorsichtige Erläuterungen: Wenn Murata Jukô vom »Herzen«, von der »Ruhe des Herzens«, vom »Verweilen im Herzen« spricht und Sen no Rikyû von der »Reinheit und Klarheit des Geistes«, so reden sie, trotz unterschiedlichen Wortlautes, doch von ein und derselben Sache: »Geist« und »Herz«, *shin* und *kokoro*, werden beide durch dasselbe dem Chinesischen entlehnte Schriftzeichen vertreten, oder umgekehrt: Das betreffende Schriftzeichen, das sowohl als *shin* wie auch als *kokoro* gelesen werden kann, bedeutet sowohl »Herz« (das Innere) als auch »Geist« (Bewusstsein, Denken), und die »Klarheit und Reinheit des Geistes« ist nichts anderes als eben die »Ruhe des Herzens«, das »Verweilen im Herzen«, das sich durch nichts anderes ablenken, sich nicht aus der Wendung nach Innen auf etwas außerhalb Befindliches hin von sich selbst abwenden lässt. Und umgekehrt besteht das durch nichts abgelenkte »Verweilen im Herzen« eben in der »Klarheit und Reinheit des Geistes«, der deswegen klar und rein ist, weil sich in ihm nichts mehr regt.

Dem halbwegs Kundigen können dazu gleich zwei Parallelen einfallen: zwei Verse aus dem »Lobgesang« des Songzeitlichen Chan-Meisters Wu-men-Hui-kai zu seinem *Kôan 19*:

»Falls sich in deinem Geist nicht Sachen verfangen, die dich nichts angehen, hast du sogleich mitten unter den Menschen eine gute Jahreszeit«. Vor allem aber die beiden letzten Verse aus der – Bodhidharma, dem Begründer des Chan in China, zugeschriebenen – Selbstverständigungsformel des Zen: »Unmittelbar auf des Menschen Herz zeigen, die eigene Natur schauen und Buddha werden«. Wenn die Lehre des Zen den Übenden gleichsam mit dem Finger auf sein eigenes Herz, sein Innerstes, verweist, und der Übende, der diesem Wink Folge leistet, dabei seine eigene Natur, die Leere, das Nichts, erschaut, so erlangt er auf diese Weise Erleuchtung, die Buddhaschaft. Die »eigene Natur«, die Leere, ist dabei nichts anderes als der reine und klare Geist, in dem sich keine Gedanken, keine Verhaftungen, keine Wünsche, Süchte, Hassgefühle mehr verfangen, der nichts als leer ist.

Noch größeres Gewicht hat freilich der zweite Teil des Rikyû-Zitats: Da spricht der Vollender des Teeweges unmissverständlich aus, dass der Teeweg ein »Weg der spirituellen Erweckung und Verwirklichung« ist, dass die fortwährende Einübung in den Teeweg einen grundsätzlichen Wandel der Lebensführung zum Ziel hat, nämlich sich von allen »irdischen Verhaftungen« zu befreien (der genaue buddhistische Terminus wäre »Anhaftungen«, zu denen neben dem Begehren als ebenso starke Fessel der Hass gehört), und dass umgekehrt erst der so gewandelte Mensch imstande ist, den Anforderungen des Teeweges in der rechten Weise zu genügen. Sich von Anhaftungen aller Art zu befreien ist eine Zielsetzung, die sämtlichen Richtungen des Buddhismus eignet; diese Befreiung durch die Leere des Geistes zu verwirklichen, zugleich aber nicht im Zustand weltflüchtiger Untätigkeit zu verharren, sondern sich alltäglichem Tun zu widmen (wie beispielshalber Brennholz zu sammeln, Wasser zum Kochen zu bringen und Tee zuzubereiten), ist das Spezifikum des Zen. Und genau so hat Sen no Rikyû, wieder laut *Nambôroku*, die andere, die weltzugewandte Seite des Teeweges definiert: »Die Tee-Kunst im Stil des kleinen Teeraumes ist vor allem eine Schulung und Verwirklichung des WEGES im Geiste des Buddhismus ... Uns genügt ein Haus, durch dessen Dach es nicht durchregnet, und ein Mahl, bei dem man nicht verhungert. Das entspricht der Lehre Buddhas und dem wahren Geist der Tee-Kunst. Man trägt Wasser herbei, sammelt Brennholz, bringt das Wasser zum Kochen, bereitet den Tee, bringt ihn dem Buddha dar, reicht ihn den anderen und trinkt ihn auch selbst.«[9]

Sen no Rikyû:
»Tuschespuren« als Wegweiser

Wieder ist es Murata Jukô gewesen, der als Erster die Bildnische statt mit einem Landschafts- oder Figurenbild mit einer »Tuschespur«, der Kalligraphie eines bedeutenden Zen-Meisters, geschmückt hat. Sen no Rikyû, der seinem Vorvorgänger auch in diesem Punkt gefolgt ist, äußert sich dazu mit großem Nachdruck: »Unter dem Zubehör für die Tee-Kunst ist nichts wichtiger als das Hängerollbild. Es ist der Gegenstand, durch den sowohl Gast als auch Gastgeber, nachdem sie ihren Geist ganz gesammelt und alle alltäglichen Gedanken abgestreift haben, sich ganz auf die Kunst des Tees konzentrieren und so den WEG verwirklichen. Dazu ist die Kalligraphie eines Zen-Meisters am besten geeignet. Wir verehren dabei den Geist, der in den Worten der Kalligraphie enthalten ist, und würdigen die Tugend des Kalligraphen, sei er nun ein erleuchteter buddhistischer Laie oder einer der großen Patriarchen des Buddhismus ... Am besten ist ein Rollbild, das man sowohl wegen der Vortrefflichkeit der Worte Buddhas oder eines großen Patriarchen als auch wegen der Vortrefflichkeit des Kalligraphen verwenden kann. Ein derartiges Rollbild ist eine große Kostbarkeit. Daneben gibt es auch Werke von Kalligraphen, die zwar nicht über die höchsten buddhistischen Tugenden verfügen, die aber aufgrund der Vortrefflichkeit der Worte Buddhas oder der großen Patriarchen verwendet werden können. Sie gelten als die zweitbesten Rollbilder.«[10]

Diese Aussage lässt an Deutlichkeit nichts zu wünschen übrig. Eine Kalligraphie mit Zen-buddhistischem Inhalt, zumal wenn der einen wichtigen Aspekt der Lehre betrifft und obendrein durch seine Herkunft vom Buddha selbst oder einem der (Zen-)Patriarchen geadelt ist, gilt Sen no Rikyû als Nonplusultra in der Bildnische. Die Aufgabe einer solchen Kalligraphie besteht darin, Gast und Gastgeber auf die gemeinsame Performance der bevorstehenden Teezeremonie einzustimmen, sie in ebenden Geisteszustand zu versetzen, der es ihnen überhaupt erst ermöglicht, die Zeremonie in der rechten Weise, und das heißt, in der Ruhe des Herzens, der

Interieur des *Ankantei* [des »Pavillons der Muße«], Hiroshima, mit Zen-Kalligraphie *fu ni* – »Nicht-Zwei«: Dieser Zen-Spruch zielt auf den Zustand der tiefsten Versenkung, in der die Entgegensetzung von »Ich« und »Welt« und damit die Dualität von Subjekt und Objekt aufgehoben ist

Klarheit und Reinheit des Geistes auszuführen, wie sie oben beschrieben worden sind: Nur so wird die gemeinsame Zeremonie zu einer Verwirklichung des Weges hier und jetzt, und dass sie genau das wird, ist ihr eigentlicher Sinn.

Insbesondere das *hon-rai mu ichi motsu* des 6. Patriarchen, das »Ursprünglich ist da kein einziges Ding« des Hui-neng, wird von Teemeistern als Kalligraphie für die Bildnische hoch geschätzt, weil sich mit dieser berühmten Formel der vielleicht bedeutendsten Gestalt des chinesischen Chan der Zielzustand Zen-buddhistischer Versenkung am prägnantesten beschreiben lässt: Erleuchtung meint jenen Zustand des Geistes, in dem »kein einziges Ding mehr existiert«, weder irgendetwas aus der Welt der Dinge noch das eigene Ich. Und dass genau darauf auch die angemessene Durchführung einer Teezeremonie abzielt, gibt Sen no Rikyû auch selbst zu verstehen, wenn er in seinem 1585 veröffentlichten Buch »Zeremonieller Ablauf einer Teezusammenkunft« den vom Teegarten umschlossenen Zugangsweg zum Teehaus als einen »Durchgang« bezeichnet, »der auf den Zustand vorausweist, in dem ursprünglich kein einziges Ding (mehr) existiert.«[11] Ebenden Zustand, der sich bei allen Beteiligten durch die gemeinsame Performance der Teezeremonie einstellen soll.

Zwei Gedichte aus alter Zeit: die Fülle des Nichts

Das *Nambôroku* berichtet davon, dass Takeno Jôô, der unmittelbare Vorgänger Sen no Rikyûs und Vater des *wabicha*, ein bestimmtes Gedicht aus dem *Shinkokinshû*, der zu Beginn der *Kamakura*-Zeit in kaiserlichem Auftrag herausgegebenen »Neuen Sammlung von Gedichten aus alter und neuer Zeit«, besonders geschätzt und für geeignet befunden habe, den Geist der von ihm geschaffenen neuen Stilrichtung der Teezeremonie zu illustrieren. Dieses Gedicht, ein *Tanka* mit dem formalen Aufbau 5–7–5–7–6 Silben pro Zeile, verfasst von dem Dichter Fujiwara no Teika (1162–1241), lautet auf Japanisch:

> miwataseba
> hana mo momiji mo
> nakari keri.
> ura no tomaya no
> aki no yûgure

Eine deutsche Übersetzung, die sich bemüht, das Silbenschema beizubehalten, könnte wie folgt lauten:

> Schau ich hinüber:
> Kein Kirschblüten-Weiß und kein
> Rotes Ahornlaub.
> Nur am Ufer ein Schilfdach –
> Herbstabend-Dämmerung.

Das *Nambôroku* berichtet des Weiteren, dass Sen no Rikyû diesem Gedicht ein anderes zur Seite gestellt habe, gleichfalls ein *Tanka*, aber mit dem leicht abweichenden Aufbau von 5–6–5–7–7 Silben, verfasst von dem zeitgleichen Dichter Fujiwara no Ietaka (1158–1237) und dessen eigener Gedichtsammlung *Minishû* entnommen:

> hana o nomi
> matsuran hito ni
> yamazato no
> yukima no kusa no
> haru o misebaya

Als deutsche Übersetzung mit gleichem formalem Aufbau sei die folgende vorgeschlagen:

> Wer nur Kirschblüten
> Sehnlichst erwartet, wie
> Gern zeigte ich dem
> Mitten im Schnee erstes Grün
> Im Bergdorf zur Frühlingszeit.

Laut *Nambôroku* war Sen no Rikyû der Ansicht, dass erst beide Gedichte zusammen den Geist des *wabicha* angemessen widerspiegeln, weil die auf die Stille des Geistes ausgerichtete Tendenz des einen der Ergänzung durch die gegenläufige Tendenz des anderen bedarf, die aus der Stille des Geistes in die Welt, ins Teehaus, zur Ausführung einer Teezeremonie zurückführt. Nur wer sowohl über die Stille des Geistes verfügt als auch imstande ist, aus der Stille des Geistes heraus spontan zu handeln (und spontan heißt nicht: nach Lust und Laune, aus Willkür), ist ein wahrer Mensch des *wabicha*.

Der Mönch Nambô, historisch gesicherter Schüler Sen no Rikyûs, zugleich angeblicher Verfasser des nach ihm benannten, aber erst zum 100. Todestag des großen Teemeisters zusammengestellten *Nambôroku*, der »gesammelten Aufzeichnungen des Mönches Nambô«, zitiert zu diesen beiden Gedichten die Interpretationen, die Takeno Jôô dem Ersteren und Sen no Rikyû dem Letzteren gewidmet haben:

Zunächst also Takeno Jôô: »Die ›Kirschblüten‹ und das herbstlich verfärbte ›rote Ahornlaub‹ (des Fujiwara no Teika-Gedichts) sind mit der erlesenen Eleganz der Teekunst im *shoin*-Stil, dem »Tee im Schreibzimmer«, vergleichbar, der unter Verwendung des *shin no daisu* (des Teegeräteständers für die ›wahre‹, die formale Form der Teezeremonie) zelebriert wird. Wenn man diese ›Kirschblüten‹ und ›roten Ahornblätter‹ aufmerksam und mit Ausdauer anschaut, verwandeln sie sich plötzlich in den Erleuchtungszustand, in dem kein einziges Ding mehr existiert, zu der ›schilfgedeckten Hütte am jenseitigen Ufer‹ (dem ›Schilfdach‹ des Gedichts). Wer nicht zuerst ›Kirschblüten und rote Ahornblätter‹ kennen gelernt hat, der wird auch nicht in der ›schilfgedeckten Hütte‹ verweilen können. Erst nach gründlicher, aufmerksamer Betrachtung der ›Kirschblüten und des roten Ahornlaubs‹ wird man das *sabi* der ›schilfgedeckten Hütte‹ (ihre ›Einsamkeit und Verlorenheit in der Einöde‹) richtig zu schätzen wissen. Daher fand Jôô in dem angeführten Gedicht den wahren Geist der Tee-Kunst ausgedrückt.«[12] Hennemann übersetzt diesen wichtigen Passus wie folgt: »Kirschblüten und buntes Herbstlaub versinnbildlichen die Pracht des *shoin no daisu*. Wenn man lange eingehend sowohl die Kirschblüten als auch das Herbstlaub geschaut hat und dann die Schilfhütte an der Bucht sieht, eröffnet sich die Welt des Nichts (des *mu ichi motsu*, in dem ›kein einziges Ding‹ mehr existiert). Wer die Schönheit der Kirschblüten und des Herbstlaubs nicht kennt, für den ist von vornherein die Schilfhütte ein unbewohnbarer Ort. Wer aber Kirschblüten und Herbstlaub lange genug geschaut hat, schätzt den einsamen Wohnort der Schilfhütte. Hierin liegt (laut Jôô) der wahre Geist des Tees.«[13]

Zum zweiten Gedicht zitiert Nambô seinen Lehrer Rikyû: »Das ›Bergdorf‹ ist genauso wie die ›schilfgedeckte Hütte‹ ein Aufenthaltsort von nüchterner Einfachheit, *sabi*. ›Kirschblüten und leuchtend verfärbtes Ahornlaub‹ vom letzten Jahr sind, ohne die geringste Spur zu hinterlassen, ganz vom Schnee begraben. Und dieses ›Bergdorf‹, in dem es nichts zu sehen gibt, hat bis hin zu seiner nüchternen Einfachheit *(sabi)* dieselbe Bedeutung wie die ›schilfgedeckte Hütte‹. Nun, aus dieser Sphäre heraus, in der kein einziges Ding mehr existiert, entfalten sich spontan Empfindung und Gefühl, die sich wie von selbst in Handlungen manifestieren.«[14] – Demgegenüber formuliert Hennemann: »Wie die Schilfhütte an der Bucht ist auch das Bergdorf ein Wohnort stiller Einsamkeit. Denn wenn sowohl die Kirschblüten als auch das Herbstlaub des ganzen zurückliegenden Jahres, wenn eben alles unter tiefem Schnee begraben liegt, es im Bergdorf nichts mehr zu sehen gibt und alles ganz einsam und verlassen ist, so erhält es in seiner Einsamkeit die gleiche Bedeutung wie die Schilfhütte an der Bucht. Von diesem Ort des Nichts *(mu ichi motsu)* geht wiederum eine Bewegung aus, wie von einem unbewussten Gefühl getrieben, und ganz natürlich regt sich da und dort der Frühling unter dem Schnee. In seiner sanften Wärme sprießt zwischen dem hier und da geschmolzenen Schnee das frische Grün der Gräser, nach und nach, ein Halm nach dem anderen, wie von selbst einem Prinzip folgend, das die Wahrheit in sich birgt.«[15]

Auch hier wird also die Hui-neng'sche Formel *hon-rai mu ichi motsu*, das »Ursprünglich ist da kein einziges Ding«, herangezogen und gebraucht, um den Zustand zu beschreiben, in den die Performance einer recht verstandenen Teezeremonie einmünden soll: eine Stille und Leerheit des Geistes, die zugleich Quelle spontaner, unerschöpflicher Lebendigkeit ist, einer verhaltenen und doch kraftvollen Lebensfreude. So haben zumindest die großen Meister des heroischen Zeitalters der Teezeremonie ihr Bestreben sich selbst gedeutet, und so kann im *Nambôroku* als Fazit namentlich zu Takeno Jôô und Sen no Rikyû formuliert werden: »Diese beiden Meister haben den WEG in jeder Hinsicht verwirklicht ... Sie sind wahrlich verehrungswürdige, gesegnete Männer des spirituellen WEGES. Das, was wie die bloße Lehre des Teeweges erscheinen mag, ist in Wirklichkeit der erleuchtete WEG Buddhas und der großen buddhistischen Patriarchen.«[16]

Kein Gast und kein Gastgeber

Wenn also die großen Gestalter, die »Erzväter« des Teeweges selbst den Sinn der Teezeremonie darin gesehen haben, im Teeraum, bei Teezusammenkünften, die Ziele des Zen-Buddhismus zu realisieren, dann muss es zumindest erlaubt sein, auch im deutschsprachigen Raum, wo der Teeweg – wie damals in Japan – sich gerade erst etabliert, den Zen-Anteil deutlich in den Vordergrund zu rücken. Das gilt insbesondere für öffentliche Vorführungen, die sich – nicht anders als die Gepflogenheiten des zeitgenössischen *cha no yu* in Japan – in der Regel auf eine *usucha*-Zeremonie beschränken: Statt diese als bloßen Ausklang einer Teezusammenkunft zu behandeln (da geht es schon recht locker zu, da findet auch Gespräch statt) oder – so bei öffentlichen Vorführungen vor größerem Publikum in Japan – die Darbietung der Zeremonie durch das geschäftige Hin und Her der zumeist weiblichen Helfer geradezu ins Gegenteil, in eine Art öffentliches Spektakel zu verkehren – stattdessen kommt es vielmehr darauf an, allen Ernst, alle Würde, alle meditative Konzentration und Stille, wie sie ja in Japan nur noch der *koicha*-Zeremonie als Mittel- und Hauptstück einer Teezusammenkunft vorbehalten sind, auch und gerade in eine solche *usucha*-Zeremonie hineinzulegen.

So erhält auch der Gast einer öffentlichen Teezeremonie wenigstens eine Ahnung davon, was es mit einem anderen Tee- und Zen-Wort, dem *mu hin shû*, auf sich hat. Wörtlich übersetzt besagt es: »Kein Gast und kein Gastgeber«.

Vordergründig soll das dahin zu verstehen sein, dass es während einer Teeveranstaltung keine Rangunterschiede geben darf, weder zwischen den Gästen untereinander, die ja alle gleichermaßen auf den Knien rutschend durch den niedrigen, zur Demut zwingenden Eingang von 60 mal 65 Zentimeter in den Teeraum gekrochen sind, noch zwischen dem Gastgeber und seinen Gästen. Doch das ist nicht alles, und nicht einmal das trifft uneingeschränkt zu. Denn wenn der Gastgeber mit der Auswahl seiner Teegeräte Ehre erweisen und zugleich die Bewunderung dieser Gerätschaften seitens der Gäste erwarten kann, so schließt das ja sehr wohl einen Unterschied ein, sogar einen doppelten: Zum einen stellt der Gastgeber den Gast als den zu Ehrenden über sich, und zum anderen erhebt er selbst den Anspruch, die Bewunderung der Gäste zu verdienen. Wie dieser Widerspruch auch aufzulösen sein mag, der Satz »Kein Gast und kein Gastgeber« atmet darüber hinaus unzweideutig echtesten Zen-Geist: Es geht dabei, wieder einmal, um das *mu shin*, und das wird ja beiden abverlangt, nicht nur dem Gastgeber, sondern ebenso auch den Gästen; und durch dieses *mu shin* gehen beide gleichermaßen in die eine Große Leere ein, in der es nicht nur keine Rangunterschiede, sondern überhaupt keine Unterschiede mehr gibt, in der alle Beteiligten als ihrer selbst bewusste, auf sich selbst bezogene Individuen ausgelöscht sind. »Kein Gast und kein Gastgeber« bedeutet so letztlich und eigentlich: Beide, Gastgeber wie Gäste, sind gemeinsam in der Großen Leere aufgegangen, sind, wie es ein befreundeter Zen-Meister einmal einem der beiden Verfasser gegenüber mit einem *Haiku* formuliert hat, gar »nicht mehr da«: An einem klaren und frischen Sommertag während eines *Sesshins* (einer Woche besonders intensiver Meditation) in Roseburg saßen wir uns im *Dokusan*-Raum des Lehrers (den jeder Schüler »einzeln betritt«, um seine *Kôan*-Antwort zu präsentieren) in eben jener Stille gegenüber, wie Sen no Rikyû sie auch für die Teezeremonie einfordert:

> Kühler Sommerwind.
> Sonnenschattenspiel im Raum –
> Niemand ist mehr da!

Auf die Teezeremonie angewandt und dementsprechend abgewandelt könnte dieselbe Aussage auch die Gestalt des folgenden *Haiku* annehmen:

> Kein Laut – nur Wasser
> Summt wie ›Wind in den Kiefern‹:
> Niemand ist mehr da!

Ja, angesichts der nicht unerheblichen Differenz, die im heutigen Japan zwischen der allgemein üblichen Art, Teezeremonien zu betreiben, und den Idealen der »Erzväter« besteht, erscheint es den Verfassern nicht nur sinnvoll, mit guten Gründen zu rechtfertigen, sondern geradezu als unumgänglich, sich auf die Anfänge zu besinnen und zu einer im Geist des Zen-Buddhismus vollzogenen Teezeremonie zurückzukehren. Diese Forderung, diese Selbstverpflichtung ist erst recht beim Unterricht in Sachen *cha no yu* angebracht, wo allein es darum gehen kann (und gehen muss), andere auch in die letzten Geheimnisse des Teeweges einzuführen und so die Teezeremonie an die nächste Generation von *chajin* weiterzugeben. Dabei ein *cha no yu* zu vermitteln, das sich an den Vorgaben des Zen-Buddhismus orientiert, kann sich auf das Vorbild, die Vorschriften, das explizite Selbstverständnis jener Tee-Patriarchen berufen, die auch im heutigen Japan unter den Anhängern des Teeweges stets nur mit allen Anzeichen der Ehrfurcht genannt, ja als die Heroen der Teekunst regelrecht verehrt werden.

Nicht schlechtes Gewissen muss also die Sache derer sein, die sich zu solcher Rückbesinnung auf die Anfänge veranlasst fühlen, sondern eher das Bewusstsein, damit geradezu einem Auftrag zu entsprechen, ein Vermächtnis lebendig zu erhalten.

Schönheit und Stille

Wabi sabi – die Anmutung des Schlichten, Unvollkommenen, Vergänglichen

Ein ganz frühes Beispiel für *wabi sabi* findet sich im *Genji Monogatari*, der »Geschichte des Prinzen Genji« aus der Heian-Zeit (794–1185): Dieser elegante, lebensfrohe Höfling und Frauenheld, mit ausgeprägter Vorliebe für kostbare Gewänder und erlesene, selbst komponierte Parfums, geht für unbestimmte Zeit in Verbannung. In einer einsamen Bucht lebt er mit kleinstem Gefolge in einer strohgedeckten Hütte, erfüllt von schmerzlichen Gedanken an all die Frauen, die er im fernen Kyôto hat zurücklassen müssen, erfüllt auch von einer tiefen Traurigkeit ob der Öde und Abgeschiedenheit seiner neuen Lebenswelt. Er sucht Zuflucht in der Lehre Buddhas, nach der alles – nein, nicht eitel, wie der Prediger sagt, sondern leer sei, ohne innewohnende, dauerhafte Substanz, er übt sich solchermaßen ein ins Loslassen, in die

Befreiung von allem weltlichen Anhaften, und findet zugleich Trost in der Entdeckung der Schönheit ungebändigter, unverfälschter, rauer Natur. In solcher Szenerie ist alles enthalten, was zum *wabi sabi* dazugehört: Einsamkeit und Stille der Natur, Einübung in den Verzicht, Trauer und Einwilligung in die Vergänglichkeit zugleich, eine schmerzlich-süße Freude, die aus der stillen, in sich gekehrten, um menschliches Glück und Leid unbekümmerten Schönheit der Natur erwächst.[17]

Der Teeweg, wie er von Murata Jukô (1422–1502) begründet und von Takeno Jôô (1502–1555) und Sen non Rikyû (1521–1591) zur Vollendung geführt worden ist, hat sich eine eigene Ästhetik geschaffen, genauer gesagt, ist er vielmehr aus einer ästhetischen Revolution, sogar einer doppelten Revolution, selbst erst hervorgegangen: Hatte in der voraufgegangenen, der *Higashiyama*-Periode (1483–1490), eine geradezu exzessive Vorliebe für das Kostbare, Farbenprächtige, Makellose, Elegante, Dekorative die Welt des Tees beherrscht, so tritt mit dem Wirken der drei »Erzväter« des Teeweges eine Hinwendung zum Schlichten, Ärmlichen, Schmucklosen, Unvollkommenen hervor. Diese Abkehr vom Großartigen und Auffälligen ist zugleich eine Abkehr vom bloßen Augenschmaus, vom bloßen kennerhaften Genuss schöner, erlesener Kunstgegenstände, verbunden mit einer Wendung nach innen, in eine Zen-buddhistisch bestimmte Innerlichkeit. Ein solch ausgeprägter Zug ins Spirituelle ist der andere Teil der ästhetischen Revolution zu Beginn der Momoyama-Zeit (1573–1615). Und genau das macht das Besondere an der Ästhetik des Teeweges aus, dass es dabei nicht nur um ein neues, spezifisches Verständnis des Kunstschönen geht, sondern zugleich um ein Lehrstück in existenzieller Ethik.

Die »Erzväter« des Teeweges haben zur Charakterisierung der von ihnen vertretenen Zielsetzungen auf zwei althergebrachte Begriffe zurückgegriffen, die bereits in der Dichtung des 12. und 13. Jahrhunderts eine zentrale Rolle gespielt haben: *wabi* und *sabi*. Wer in ein Lexikon für modernes Japanisch schaut, der wird mancherlei Erstaunliches feststellen: Die beiden zugehörigen Adjektive *wabishii* und *sabishii* bedeuten beide dasselbe, nämlich »einsam«, »öde«, »verlassen«, »traurig«, *wabishii* außerdem noch »armselig«; das Verbum *sabireru* hat die Bedeutung von »verfallen«, und *sabireta machi* ist eine »verlassene« oder »ausgestorbene Stadt«; *wabi* selbst besagt: »altersgrau«, »verwittert«, »schön-verlassen« zu sein sowie: »Geschmack finden am Stillen und Schlichten«; und *sabi*, das durch dasselbe Schriftzeichen vertreten wird, das auch die »Stille des Herzens, des Geistes« meint, den letzten der vier Leitbegriffe Sen no Rikyûs, wird als »Stille«, »Patina« und »in sich ruhende Schönheit« wiedergegeben. In der Dichtung des 12. und 13. Jahrhunderts wurden *wabi* und *sabi* dazu benutzt, Beschreibungen von Mangel, Verlust, Vergänglichkeit, Verlorensein, Hoffnungslosigkeit, Traurigkeit und Kummer zu charakterisieren. Für Takeno Jôô verkörpert das bereits zitierte Gedicht des Fujiwara no Teika: *miwataseba / hana mo momiji mo / nakari keri. / ura no tomaya no / aki no yûgure* genau diese Befindlichkeit. Eine etwas poetischere, dafür aber den formalen Aufbau des Originals missachtende Übersetzung lautet:

> Wie weit man auch blickt,
> Weder Kirschblüten noch
> Leuchtend verfärbtes Ahornlaub.
> Am Ufer nur eine riedgedeckte Hütte
> In der herbstlichen Abenddämmerung.

Hier ist alles versammelt: der Mangel, das Fehlen leuchtender, herzerfrischender Farben, die Traurigkeit ob dieses Mangels, die Armseligkeit einer schilfgedeckten Hütte, das Verlorensein in der leeren Weite einer einsamen Bucht, die Vergänglichkeit in Gestalt des Herbstes und der Abenddämmerung, in der alles verschwimmt, verschwindet. Zugleich wird diese von Stille und Verzicht erfüllte Szenerie als schön empfunden, eine wehmütige und gleichzeitig beruhigende Schönheit, die ebenden zur Ruhe kommen lässt, der zum Verzicht, zum Eintauchen in die Stille des Herzens, des Geistes bereit ist.

Den Teeweg im Sinne einer entsprechenden Ästhetik zu gestalten, die zugleich auch Ethik ist, verlangt, nicht nur dafür zu sorgen, dass Teehaus, Teegeräte, zumal die Teekeramik den Geist der Ärmlichkeit, des Mangels, der Zurückgezogenheit und Stille atmen und die Spuren des Alterns, des allmählichen Verfalls, des unaufhaltsamen Endes an sich tragen; es verlangt gleichermaßen, auch sich selbst dahin zu erziehen, das Ärmliche, Mangelhafte, das zugleich die Zeichen des Gebrauchs, der Vergänglichkeit zeigt, das nicht auftrumpft, sondern sich dem Lauf der Dinge fügt, als schön zu empfinden, als etwas, das Frieden schenkt und gelassen macht, das unser Einverständnis mit der eigenen Endlichkeit, dem eigenen Sterben weckt. Als etwas, das uns die Angst vor dem Abgrund nimmt, der sich unter der

Bambus-Hängevase, eine Arbeit des Ueda Sôko (Momoyama-Zeit): augenfälliges Beispiel für die *wabi sabi*-Ästhetik der Teezeremonie

Oberfläche der Dinge auftut, und uns diese Leere als unseren eigentlichen, keineswegs unheimlichen Ort erfahren lässt. Kurz, eine Selbsterziehung, die darauf abzielt, dass wir uns in der Stille des Verzichts, des Abschieds, des klaglosen Sterbens einzurichten, zu Hause zu sein imstande sind.

Aber der Lauf der Dinge hat ja noch eine andere Seite: Dass dort, wo Sterben ist, zugleich und immer wieder Leben aufbricht, ein anspruchsloses Leben, das sich auch mit kargen Umständen zufrieden gibt, das nicht nach schlechthin ungetrübtem Glück, nach grenzenlosem Wohlbefinden drängt. Auch das gehört zur *wabi sabi*-Ethik und -Ästhetik; und Sen no Rikyû, Nachfahr und Vollender des Takeno Jôô-Erbes, hat eben diese komplementäre Haltung in dem gleichfalls bereits zitierten Gedicht des Fujiwara no Ietaka verkörpert gesehen, für das an dieser Stelle ebenfalls eine freiere, poetischere Übersetzung vorgeschlagen werden soll:

hana o nomi / matsuran hito ni / yamazato no / yukima no kusa no / haru o misebaya

> Denen, die nur voll Ungeduld
> Auf die Kirschblüte warten – wie gerne
> Zeigte ich denen im Bergdorf
> Das erste Frühlingszeichen:
> Zart sprießendes Gras im Schnee!

Wabi sabi so verstanden heißt, sich aus der Befindlichkeit der Stille dem zuzuwenden, was nicht viel für sich beansprucht, dem Bescheidenen, Unauffälligen, sich selbst Genügenden, das ohne Pomp und Pracht auskommt; zum Beispiel dem reinen Weiß einer einzelnen, sich gerade erst öffnenden Kamelienknospe in altersschwacher Bambus-Hängevase vor nachgedunkelter, lehmbrauner Wand. Es heißt aber auch, selbst tätig zu sein, den Alltag zu bestehen, eine Teezusammenkunft vorzubereiten und gemeinsam mit den Gästen abzuhalten: all das auf eine Art und Weise, die der Befindlichkeit der Stille jederzeit und vorbehaltlos Rechnung trägt.

Diese kurzen Ausführungen dürften immerhin deutlich machen, dass sich das *wabi sabi*-Konzept, auch wenn es ursprünglich einem ganz anderen kulturellen Zusammenhang entstammt, nämlich der höfischen Dichtung der ausgehenden Heian- und beginnenden Kamakura-Zeit (794–1185 beziehungsweise 1192–1333), gleichwohl bestens mit dem Geist des Zen-Buddhismus verbinden lässt. Ja, es wäre sogar andersherum zu formulieren: dass den »Erzvätern« des Teeweges bei ihrem Bemühen um Inkorporation des Zen-Geistes in die Teezeremonie mit dem *wabi sabi*-Konzept ein Instrument zur Verfügung stand, das wie kein Zweites geeignet war (und ist), der Spiritualität des Zen in der Kunstform des *cha no yu* einen angemessenen ästhetischen Ausdruck zu verleihen.

Erfindung der Abgeschiedenheit

Wie zu einer in jeder Hinsicht abgerundeten Teezeremonie der entsprechende Teeraum, so gehört zum Teehaus, zur Teehütte der umgebende Teegarten. Zwar lässt sich eine Teezeremonie auch in beinahe jedem beliebigen anderen Raum zelebrieren, einer gotischen Kapelle, einem Freizeitheim, dem Ballettraum eines Theaters – schafft sie sich doch durch ihren bloßen Vollzug ihren eigenen spirituellen Rahmen – doch wenn dem *wabi*-Charakter der Teezeremonie volles Genüge getan werden soll, müsste sie schon in einem hüttenähnlichen Teehaus stattfinden, das so versteckt zwischen Büschen und Bäumen steht wie die Einsiedlerhütte eines Mönches in den Bergen. Und der Teegarten, ob nun ein kleines Waldstück mit Laubdach, Dämmerlicht und moosbedecktem Boden, ob mit freiem Blick in den weit geöffneten Himmel – allemal ist er ein Ort der Abgeschiedenheit. Im Folgenden soll es daher nicht so sehr um die Äußerlichkeiten in der Anlage eines typischen Teegartens oder eine genaue Beschreibung der Teehaus-Architektur gehen, sondern eher um eine Annäherung an ihren Geist.

Versetzen wir uns in einen Gast, der sich zu einer Teezusammenkunft einfindet, und beginnen wir mit dem Teegarten, der sich vor dem Eintretenden öffnet: Ein kleines, durch Hecke und Bambuszaun gegen die Außenwelt abgeschirmtes Geviert, in dessen Innerem eher dunkle Grüntöne unterschiedlicher Bäume und Sträucher vorherrschen; Blühendes beteiligt sich nur ganz zurückhaltend am Gesamteindruck ruhiger Abgeschiedenheit. Keine aufdringlichen Farben, keine weiten Ausblicke; Enge und Stille umschließen den Gast.

Alles andere als ein Landschaftsgarten, der zum Weiterschlendern, Weiterwandern einlädt, fordert der Teegarten vielmehr zum Innehalten auf. Wer stehen bleibt, spürt, wie schon jetzt, bei den wenigen Schritten, die der Garten in seiner Enge überhaupt zulässt, der Alltag, seine Unrast, seine Pflichten und Sorgen, abzufallen beginnen; er fühlt sich auf eine sonderbare Weise eingeschlossen, die dazu nötigt, alles hinter sich zu lassen, loszulassen. Der Weg in den Teegarten hinein erweist sich so als ein Weg nach innen.

Unterwegs zu einem geweihten Ort: vom äußeren in den inneren Garten

Ein Teegarten ist in der Regel zweigeteilt. Der Gast betritt zunächst den so genannten äußeren Garten, wo er sich zusammen mit den anderen Gästen zum Warten niedersetzt. Dieser vordere Teil ist gegen den hinteren, der das Teehaus umschließt, durch eine Wand oder eine hohe Hecke abgetrennt. Häufig ist er sogar ganz von Hecken oder Wänden eingeschlossen. Klösterliche Stille herrscht; die Außenwelt existiert nicht mehr. Der Unerfahrene mag sich gefangen fühlen, mag ausbrechen wollen, ins Freie zurück; aber gerade das soll er sich abgewöhnen. Es gibt einen anderen Ausweg aus diesem Eingeschlossensein: die Hinwendung nach innen, die keineswegs als Verarmung missdeutet werden darf. Ein Zitat aus dem Dao-De-Jing drängt sich auf: »Nicht aus der Tür treten, und doch die Welt kennen; nicht aus dem Fenster hinausschauen, und doch das DAO des Himmels schauen ... Deswegen der Weise: Er bewegt sich nicht von der Stelle, und doch weiß er; er hält nicht Ausschau, und doch ist er erleuchtet« (Text 47).

Der Teegarten in Hannover, nach japanischen Originalplänen angelegt, zeigt im vorderen Teil einen Steingarten, wie er in den Zen-Klöstern Kyôtos anzutreffen ist: eine Miniaturlandschaft, die durch Kies und Felsbrocken die Bucht von Hiroshima samt vorgelagerten Inseln symbolisiert, mit einem Blick zu überschauen, karg und zur Unbeweglichkeit erstarrt. Auch ein solches Arrangement soll – gerade in seiner an Totenstarre gemahnenden Reglosigkeit – das Auge von der äußeren Welt abziehen und nach innen wenden, soll durch seine extreme Kargheit auf eine Armut hinweisen, die Reichtum ist, der Reichtum der inneren Stille.

Das Teehaus bleibt den Blicken des Gastes, solange er im äußeren Garten verweilt, entzogen: Nicht einmal die ungeduldige Erwartung, die sein Anblick von weitem auslösen könnte, soll den Gast von seiner inneren Sammlung ablenken. Erst das Erscheinen des Gastgebers, der hinter einem kleinen Durchlass hervor die Gäste willkommen heißt, beendet das stille Dasitzen der Gäste. Durch eben diesen Durchlass erreichen sie den inneren Garten, folgen gemessenen Schrittes einem gewundenen Pfad, der mit seinen Büschen und Sträuchern links und rechts das Teehaus immer noch vor ihren Augen verbirgt – bis er schließlich den Blick freigibt auf eine armselige, fast abweisende Hütte, die Behausung eines

Äußerer Garten der Ueda-Sôko-Schule, Hiroshima:
Blick auf die Wartebank
(links daneben eine – nicht zur Benutzung gedachte – Toilette)

Menschen, der sich aus der Welt zurückgezogen hat und nicht mehr behelligt sein will.

So verkörpert das Teehaus schon äußerlich eine andere als die gewöhnliche, vom Streben nach Reichtum, Macht, Wohlleben und Genuss bestimmte Welt, eine andere, will sagen, eine Welt der radikalen Innerlichkeit und eines Verzichts, der ein größeres Glück verspricht, als es die gewöhnliche Welt zu bieten hat. Und der Gang der Gäste durch den Teegarten, ohnehin schon eine eindeutige Aufforderung zu innerer Einkehr und Stille, enthüllt sich am Ende, wenn die Gäste vor einer solchen Einsiedlerhütte stehen, in der Tat als das, was die großen Teemeister der Muromachi- und Momoyama-Zeit (1338–1573 beziehungsweise 1573–1615) haben gestalten wollen: als ein Übergang, als der äußere Vorgriff auf eine innere Transformation.

Das Teehaus – Ort der Versenkung

Sehen wir uns nun im Inneren des Teehauses um: ein kahler Raum, lehmverputzte Wände, vom Alter nachgedunkelt, einige wenige, zudem eher kleine Fenster, deren Papierbespannung keinen Blick nach draußen erlaubt, und statt einer Tür nur ein paar Holzbretter, zu einem geradezu winzigen Quadrat zusammengefügt, das sich auf- und zuschieben lässt. Gedämpftes Licht. Wer hier sitzt, muss sich eingesperrt vorkommen. Er sitzt in der Falle.

Aber eine Falle ist das nur für den weltlichen Sinn. Wer der Zumutung nachgibt, sich von allem loszusagen, den saugt diese spezifische Atmosphäre eines *sôan*-Teeraumes förmlich

Durchblick in den inneren Garten der Ueda-Sôko-Schule, Hiroshima: im Hintergrund das Teehaus *Enshô* [»Ferne Glocke«] des Schulgründers

in sich auf und führt ihn geradewegs ins Samâdhi, in die Versenkung. Die Welt da draußen, sie ist ganz nah und unerreichbar fern zugleich. Der Wind in den Bäumen, der vielstimmige Gesang der Vögel, das Rauschen des Regens – all das dringt ungehindert ins Innere des Teeraumes ein, die Ohren vernehmen noch das geringste Geräusch der Außenwelt. Und doch ist dem Auge jeglicher Kontakt verwehrt. »Schau in dich«, lautet die Devise, die dieser Ort für uns parat hält, und wer das tut, der lässt nicht nur alles Äußere hinter sich, sondern auch sich selbst: Die Hinwendung nach innen, wie sie sich hier – ganz im Sinne des Zen-Buddhismus – vollzieht, läuft darauf hinaus, dass wir uns selbst an die Stille und Leere verlieren, die sich wie im Teeraum, so erst recht in uns selbst auftut: Alles Äußere loszulassen heißt, sich ins eigene Innere zu wenden, und sich ins eigene Innere zu wenden heißt, sich selbst zu verlieren, leer zu werden, dem Bodenlosen zu begegnen. Oder anders, mit den Worten des großen Zen-Lehrers Dôgen gesagt: »Sich selbst erkennen heißt, sich selbst vergessen; sich selbst vergessen heißt, von allen Dingen erleuchtet sein!« Und genau das geschieht hier im Teehaus, noch bevor der Gastgeber erscheint: Das Ausgeschlossene tritt erst recht und jetzt erst ganz in uns ein.

Gerade dieser Aspekt des Teeweges sei noch einmal in poetischer, die Erfahrungen Dôgens bestätigender Formulierung besonders hervorgehoben:

> Wandle dich zum Gefäß,
> Hohlraum und ungefüllt,
> Das die Stimmen der Vögel,
> Die der Bäume, der Wolken

Widerhallend beherbergt,
Auch die Worte der Tiefe,
Wie sie dem Bodenlosen
Wieder und wieder entsteigen:
Sei du die Pythia,
Hüte die Stimmen der Welt.

Leer von eigenem Sinn,
Der dich mit Wichtigem,
Vorlaut Wichtigem anfüllt,
Kannst du Stimmen vernehmen,
Die sonst stumm für dich sind. So
Ganz entleert – keine Armut
Ist das, denn größern Reichtum
Findest du nicht: All der Stimmen
Echo, das ist, »von den
Dingen erleuchtet« zu sein.

Und dann betritt der Gastgeber den Teeraum und beginnt die Zeremonie. Der Gast, so ganz von sich entleert, nimmt umso tiefer die Schönheit der Bewegungen, die Schönheit der Gerätschaften, die Schönheit ihres immer wieder wechselnden Arrangements ganz in sich auf. Statt sich in der Enge und Abgeschlossenheit der Teehütte (zumeist nicht größer als ein quadratischer Viereinhalb-Matten- oder ein länglicher Drei-Matten-Raum) gefangen zu fühlen, erfährt er die unbeschränkte Weite des Samâdhi.

Den klassischen Teeraum (nicht die großen, dem *shoin no cha*, dem »Tee im Schreibzimmer« nachempfundenen Räume für 20 und mehr Personen sind gemeint) gibt es freilich auch noch in abgewandelter Gestalt. Da sind zum einen die Abänderungen, die Furuta Oribe eingeführt hat: die größeren und zahlreicheren Fenster, immer noch papierbespannt, die den Teeraum zwar heller, freundlicher erscheinen lassen, aber die Außenwelt noch immer aussperren.

Und da sind zum anderen die von Kobori Enshû gestalteten Räume, mit ihren großen Schiebetüren und Ausblicken in nun schon geräumigere Gärten, von denen es zu den Landschaftsgärten etwa des kaiserlichen Refugiums *Katsura Rikyû* in Kyôto nur noch ein kleiner Schritt ist. *Kireisabi* nannten die Zeitgenossen den Stil des Kobori Enshû, was uns mit »in sich ruhende, unauffällige Schönheit« nicht gerade passend übersetzt erscheint: *kirei* heißt »schön«, aber *sabi* bedeutet nun einmal »einsam«, »öde«, »verlassen«, und folglich wäre *kireisabi* eine durch Schönheit gemilderte, eine ins Schöne gewendete Verlassenheit. Und genau das trifft auf Kobori Enshûs Ensembles aus Teeraum und Garten zu: Die Stille bleibt gewahrt; der Gast gibt sich der Kargheit des Teeraumes und zugleich der heiteren Abgeschiedenheit des Gartens hin: Sich selbst an beides zu verlieren ist durchaus eine Erfahrung von tiefem Glück, besser gesagt, einer heiteren Gelassenheit, die aus der inneren Versenkung hervorgeht. So gesehen, geschieht auch beim Kobori Enshû-Tee nichts anderes als das, was sich mit den Worten Dôgens vom strengen *wabicha* der Tee-Patriarchen Takeno Jôô und Sen no Rikyû, aber genauso auch vom Stil des späten Ueda Sôko sagen lässt: Die Abgeschiedenheit von Teeraum und Garten fordert uns zur Hinwendung nach innen auf; so von uns selbst entleert, lassen wir uns von der Schönheit des Gartens nicht weniger »erleuchten« als von der Schönheit der Zeremonie.

Interieur des Teehauses *Enshô* [»Ferne Glocke«], Hiroshima, von Ueda Sôko im Stil seines Lehrers Furuta Oribe gestaltet: Blick von der Bildnische aus auf die so genannten Oribe-Fenster; auf der rechten Seite der Kriecheingang, geschlossen

Sicherlich hat Yanagi Sôetsu mit seiner bereits zweimal, in den »Folgen eines Sommertages« und zu Beginn des Kapitels »Teeweg und Zen – ein einziger Geschmack«, zitierten Äußerung Recht, wenn er urteilt: »Nicht alle Schüler des Teeweges sind sich dessen bewusst« – zumal im heutigen Japan, wäre hinzuzusetzen, und mehr als nur »nicht alle« – »dass [der] Geist [der Teezeremonie] mit dem Geist des Zen ganz und gar übereinstimmen sollte«, wie wir es hier, anlässlich des Versuchs einer Würdigung der Chanoyu-Komponenten Teehaus und Teegarten, noch einmal haben herausstellen wollen. Doch immerhin ließe sich für das zeitgenössische Teeweg-Verständnis der Japaner darauf hinweisen, dass es – auch heute noch – zumindest strikt verpönt ist, im Teehaus irgendeine Art von Schmuck zu tragen. Noch dieser scheinbar unbedeutende Verzicht auf weltliche Äußerlichkeit kann doch nur den einen Sinn haben: als Aufforderung, sich vom Anhaften im buddhistischen Sinne frei zu machen, vom Anhaften an die Welt der Dinge, des schönen Scheins, der Illusionen, und sich stattdessen um die Hinwendung zum Wichtigeren, zum eigentlich Wirklichen zu bemühen, das allein in unserem Inneren zu finden ist. So wird dem Anspruch, den das Teehaus an den *chajin* stellt, wenigstens auf wenn auch nur vordergründige Weise Genüge getan. Und nichts hindert uns daran, vor allem uns »Westler«, diesem Anspruch wieder gründlicher nachzukommen: so gründlich, wie die großen Teemeister, die vor 400 Jahren ihre scheinbar so hinfälligen, aber heute immer noch existenten Einsiedlerhütten errichtet haben, genau das von uns verlangen würden. Nichts kann uns hindern, auch nicht, dass es hier bei uns solche Teehäuser nicht gibt: Der Teeweg braucht, um im

Geist des Zen beschritten zu werden, nicht notwendig Teehaus und -garten; dass diese beiden jedoch einem vom Zen-Geist erfüllten *cha no yu* in hohem Maße dienlich sind, steht außer Frage.

Die Sprache der Gefäße

In den Anfängen der Teezeremonie haben ihre Adepten ausschließlich Gefäße chinesischer Herkunft benutzt, am liebsten Raritäten aus der Zeit der Tang- und der Song-Dynastie (618–908 beziehungsweise 960–1279), oder, wem zu solchem Aufwand die finanziellen Mittel fehlten, notgedrungen auch Stücke aus der zeitgenössischen Ming-Dynastie (1368–1644). Ein grundlegender Wandel setzte gegen Ende der Muromachi-Zeit (1334–1573) ein und vollendete während der Momoyama-Zeit (1573–1615) seinen geradezu triumphalen Siegeszug, als die Anhänger des Teeweges (der inzwischen seine zukunftsweisende, vom Geist des Zen geprägte Ausgestaltung erfahren hatte) ihre Vorliebe für die schlichte, fast grob zu nennende koreanische Keramik entdeckten, der neuartige Stil der *Raku*-Keramik aufkam und zugleich die Keramik insbesondere der so genannten Sechs Alten Öfen eine radikale Aufwertung erfuhr. Seither gehört die spezifische Teekeramik für die Japaner zu ihren höchst geschätzten Kulturgütern; und der europäische Besucher einer japanischen Keramikwerkstatt stellt mit fassungslosem Staunen fest, dass im Unterschied zu durchaus erschwinglicher Gebrauchskeramik für Teeschalen und Teepulverbehälter geradezu astronomische Preise verlangt (und offensichtlich auch gezahlt) werden. – Leicht überspitzt ließe sich sagen: Bei der Teezeremonie steht die Teekeramik mehr im Mittelpunkt als der Tee selbst.

Zur Teezeremonie gehört ganz wesentlich die Teekeramik, und die umfasst vor allem vier Gefäßtypen: die Teeschale oder *chawan*, den Behälter für das *koicha*-Teepulver, die *chaire*, das Kaltwassergefäß oder *mizusashi* sowie – nicht zuletzt – die Vase für den Blumenschmuck, die *hanaire* oder *hanaike*. Welch hohen, ja herausgehobenen Rang in der Wertschätzung dabei insbesondere die *chawan* und die *chaire* immer schon eingenommen haben und auch heute noch einnehmen, mag der folgende Sachverhalt verdeutlichen: Wenn in früheren Zeiten, genauer gesagt, während der Edo-Zeit (1615–1868), der Shôgun einem verdienstvollen Manne eine besondere Ehre erweisen wollte, dann galt für die Ehrengeschenke folgende Abstufung: Die höchste denkbare Anerkennung bestand nicht etwa in einem Schwert, dem Statussymbol des Samurai schlechthin, sondern in einer *chaire*, dem kleinen, unscheinbaren Keramikgefäß für das Pulver des Teebreis; auf der zweiten Stufe folgte eine *chawan*, die beide Hände erfordernde Trinkschale, die ausschließlich in der Teezeremonie ihre Verwendung findet; und das Samurai-Schwert nahm erst den dritten und niedrigsten Platz ein! Heute drückt sich die anhaltende Wertschätzung gerade dieser beiden Gefäßtypen der Teekeramik über deren exorbitante Preise aus, zumal wenn sie der Hand bekannter oder gar zum »lebenden Nationalschatz« erhobener Töpfer entstammen.

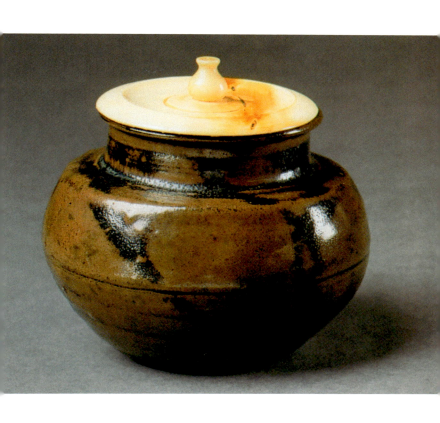

Karamono-chaire, so genannte *taikai*-Form,
aus dem Nachlass des Ueda Sôko; China der Yuan-Dynastie

Karamono – »Stücke aus China«

Verweilen wir noch für einige Augenblicke bei der *chaire*: Zeitgleich mit der Sitte, schaumig geschlagenen Pulvertee zu genießen, sind auch die kleinen, dünnwandigen Keramikgefäße nach Japan gekommen, in denen die Chinesen seit alters ihre Arzneimittel oder Duftöle aufbewahrt haben, die aber von den japanischen *chajin* zu Teepulverbehältern umfunktioniert worden sind. Das herausragendste Beispiel ist die *chaire* »Sich öffnende Blütenknospe«, ursprünglich ein Duftölgefäß der für ihre außerordentliche Schönheit berühmten kaiserlichen Konkubine Yang Gui-fei (719–756), deretwegen der Tang-Kaiser Xuan-zong in den tiefsten Süden seines Reiches fliehen musste (ein immer wiederkehrendes Motiv der klassischen chinesischen Malerei) und die er doch, um letztlich seiner Absetzung zu entgehen, erdrosseln lassen musste – ein Teepulvergefäß, das nacheinander so bedeutende Männer wie der Shôgun Ashikaga Yoshimasa, die Feldherren Oda Nobunaga und Toyotomi Hideyoshi sowie Tokugawa Ieyasu, der Begründer des Tokugawa-Shôgunats, zu ihren höchsten Kostbarkeiten gerechnet haben und das sich noch heute im Besitz der Familie Tokugawa befindet.[18]

Die Nachfrage zumal nach besonders gelungenen Stücken war bald so groß, dass sie durch Importe aus China nicht mehr befriedigt werden konnte. Und so begann man bereits in der zweiten Hälfte des 15. Jahrhunderts in Seto, einem der Sechs Alten Öfen, eigene *chaire* herzustellen, die in ihrer schlichten Eleganz den chinesischen Vorbildern in nichts

Chaire aus der Gruppe der Rikyû-Seto-Gefäße (von Sen no Rikyû bei den Töpfern von Seto in Auftrag gegeben) samt Seidenbeutel, aus dem Nachlass des Ueda Sôko; Momoyama-Zeit

nachstanden. Die Begeisterung, die dieser Gefäßtyp vor allem mit dem Aufkommen der *wabi*-Ästhetik unter den Anhängern des Teeweges auslöste, führte dazu, dass in allen Keramikzentren Japans (und jeder *Daimyô* trachtete danach, für seinen Hausgebrauch, aber auch, um dem Shôgun oder anderen, höher gestellten *Daimyô* angemessene Geschenke darbringen zu können, eigene Töpferwerkstätten zu etablieren) ein besonderes Gewicht auf die Produktion von *chaire* gelegt wurde: Zumal in der Momoyama-Zeit entstanden allenthalben Teepulvergefäße von kraftvoller Schönheit, derb, voll bewusster Unregelmäßigkeit, mit einem Anschein von unbekümmerter Nachlässigkeit gestaltet. Doch den höchsten Rang nahmen nach wie vor die original chinesischen Stücke ein, von den Japanern kurz und bündig *karamono* genannt, eben »Stücke aus China« (zu denen ganz unterschiedliche Gefäßtypen zählen: schlanke, elegant geschwungene Schultergefäße, bisweilen mit kleinen Ösen auf der Schulterkante, dickbäuchige Behälter mit gedrungenem Hals und breiter Öffnung, Keramikfläschchen mit langem, schmalem Hals und kleinem, kugelförmigem Korpus, um nur einige zu nennen). Für diese *karamono-chaire* haben die großen Teemeister eigens jene Klasse herausragender Zeremonien gestaltet, die bereits früher erwähnten *karamono-* und *bonten-karamono-*Zeremonien, bei denen die Kostbarkeit eines solchen Gefäßes durch die spezielle Art seiner Handhabung augenfällig gemacht wird. Und noch heute ist es für einen japanischen Kunstkenner und -sammler, auch wenn er der Teezeremonie ganz fern steht, höchster Stolz, ein solches *karamono* möglichst aus der Tang- oder Song-Zeit zu besitzen: In einen Seidenbeutel eingehüllt und mit einem weichen Wolltuch umwickelt, steckt die *chaire* in einer zylindrischen Lackdose, die ihrerseits, abermals in ein Wolltuch eingeschlagen, in eine zweite, größere Lackdose eingepasst ist; es folgt noch einmal ein wollenes Tuch oder ein wollener Beutel – damit der Lack der Deckeldose nur keine Schrammen bekommt! – und zum Schluss wird das Ganze in einen Holzkasten eingesenkt und fest verschnürt: Das ist die angemessene Art der Aufbewahrung für ein echtes *karamono*, wie wir sie staunend bei einem Sammler auf Kyûshû demonstriert bekommen haben.

Das Erbe der Koreaner

Kyûshû – das ist die südlichste der vier großen Inseln Japans, Korea und dem chinesischen Festland am nächsten gelegen. Hier befindet sich nicht nur die Hafenstadt Karatsu, über die sich jahrhundertelang der Handel mit China abgespielt hat (der Name »Karatsu« bedeutet nichts anderes als »China-Hafen«). Hier ist es auch gewesen, wo der Reichseiniger Toyotomi Hideyoshi nach seinem missglückten Korea-Feldzug – der größenwahnsinnige Mann hatte anschließend auch noch ganz China erobern wollen – Tausende koreanischer Handwerker- und nicht zuletzt Töpferfamilien zwangsangesiedelt hat. Diese koreanischen Fachkräfte haben in der Folgezeit, von den lokalen *Daimyô* zu regelrechten Töpfersiedlungen zusammengefasst, eine Vielzahl unterschiedlicher, zumeist heute noch lebendiger Traditionen der Teekeramik begründet; so vor allem in Karatsu, nach wie vor berühmt für seine *chôsenkaratsu*-Gefäße (und *chôsenkaratsu* heißt eben »Koreanisches Karatsu«: Gefäße mit schwarz-weißer beziehungsweise weiß-schwarzer Glasur) oder in Agano und Yatsushiro (Letzteres freilich der einzige Ort, an dem die ursprüngliche Keramiktradition gänzlich ausgestorben ist).

Ferner sind da die *Takatori*-Werkstätten, von denen heute nur noch zwei existieren, aber die sind von überregionaler Bedeutung: die eine in Fukuoka, deren fast allzu elegante *chaire* sich in der Urasenke-Schule größter Wertschätzung erfreuen, die andere in Koishiwara, die – in der jetzigen Generation vertreten durch Hachizan XIII. – an den alten koreanischen *chawan*-Formen festhält; dann die Gemeinschaftsöfen rund um den Berg Shôdai, die zwar mit dem Aufkommen der Porzellanindustrie zugrunde gegangen sind, deren *Shôdai*-Stil aber seit der zweiten Hälfte des 20. Jahrhunderts in einer Vielzahl neuer Töpferwerkstätten wieder zum Leben erweckt worden ist. Eine Sonderstellung nimmt die *Satsuma*-Keramik ein, und zwar insofern, als der *Daimyô* von Satsuma (der heutigen Präfektur Kagoshima) bereits ein halbes Jahrhundert vor Hideyoshi koreanische Töpfer nach Kyûshû geholt hat, die dort von 1530 an den Stil des so genannten Schwarzen Satsuma *(kurosatsuma)* geschaffen haben (was heute in Naeshirogawa und Ryûmonji an *Satsuma*-Keramik produziert wird, hat mit der ursprünglichen Keramiktradition allerdings nur am Rande zu tun).

Zumindest in der Momoyama- und der frühen Edo-Zeit jedoch haben all diese Töpferzentren auf Kyûshû jenen koreanischen Keramikstil fortgeführt, der bei den *chajin*, den »Menschen des Teeweges«, in so hohem Ansehen stand: eine von ländlichen Töpfern für eine ländliche Bevölkerung gefertigte Alltagsware, ganz und gar unprätentiös, ohne jede Absicht auf künstlerische Gestaltung, auf bewusst erzeugte

Schönheit. Insbesondere die koreanischen Reisschalen hatten es den *chajin* angetan, die sie anfänglich unter den Hunderten und Tausenden von Stücken schlichter Importware in den japanischen Hafenstädten auswählten, zu Teeschalen für die Teezeremonie umfunktionierten und mit dem Namen *ido chawan* belegten. Diese mehr oder weniger trichterförmigen Schalen mit großer Öffnung entsprachen in ihrer groben Einfachheit, mit allen zufälligen Mängeln ihres Entstehungsprozesses behaftet, dem *wabi*-Geschmack der Teemenschen; *Daimyô*, die nicht über eigene koreanische Töpferwerkstätten verfügten, gaben solche Stücke in Pusan, der nächstgelegenen Hafenstadt im südlichen Korea, zu Dutzenden in Auftrag; und Japans berühmteste Teeschale, die bräunlich-gelbe *Kizaemon-chawan*, kostbarer und wohlbehüteter Schatz des Daitokuji in Kyôto, ist eben eine solche simple *ido chawan*, für den Kenner von geradezu überwältigender Ausstrahlung.

Die Sechs Alten Öfen

Alle übrigen für die Teekeramik wichtigen Zentren liegen auf Honshû, der Hauptinsel Japans: Die schon mehrfach erwähnten Sechs Alten Öfen: Bizen, Echizen, Seto, Shigaraki, Tamba und Tokoname mitsamt den stilverwandten Werkstätten von Iga und Mino sowie, ganz im Südwesten, Hagi – und zum anderen das Zentrum der *cha no yu*-Kultur, Kyôto selbst. Die beiden Letztgenannten seien zuerst abgehandelt: Hagi, noch heute berühmt für seine weiße Glasur, das unnachahmliche »Hagi-Weiß«, gehört zu den Ansiedlungen koreanischer Töpfer im Anschluss an Hideyoshis gescheiterten Korea-Feldzug und besitzt mit der Miwa-Werkstatt eine der herausragendsten Werkstätten des heutigen Japan: ein *shirohagi mizusashi*, eine *shirohagi chawan* aus der Hand des Miwa Kyusetsu XI. zu besitzen gehört für einen Durchschnittseuropäer zu den unerfüllbaren Träumen seiner Teeweg-Karriere. Die Kyôto-Keramik, kurz *Kyô yaki* genannt, vertritt bis in die Gegenwart ungebrochen einen ganz anderen, dem *wabi*-Geschmack geradezu entgegengesetzten Stil: farbenprächtige, mit reichem Dekor überzogene Gefäße, wie sie dem Geschmack des kaiserlichen Hofes und des Hofadels entsprachen, eine Stilrichtung der frühen Edo-Zeit, die – vor allem auf Nonomura Ninsei zurückgehend – im Tee der Landesfürsten sowie dem Tee der Paläste eines Kanamori Sôwa ihre erste Blütezeit erlebte. (Nebenbei bemerkt: In der persönlichen Hinterlassenschaft des Ueda Sôko, eines der drei so genannten Vollender des *daimyôcha* und damit zum Vertreter

Bizen-*mizusashi*, aus dem Nachlass des Ueda Sôko; Momoyama-Zeit

eines scheinbar ausschließlich auf Prachtentfaltung angelegten *cha no yu*-Stils abgestempelt, findet sich nichts, was auch nur entfernt an die elegante, ja prunkvolle Kyôto-Keramik Ninseis gemahnt, wohl aber Karatsu-, Bizen-, Iga-, Seto-, Tamba-, Mino- und koreanische Gefäße, die sämtlich und eindeutig der vom Zen-Geist geprägten *wabi*-Ästhetik zuzurechnen sind – freilich auch, wie die Abbildungen dieses Buches belegen, einige kostbare, wenn auch unprätentiöse »Stücke aus China«. Und umgekehrt zeigt Sen no Sôshitsu XV., das vorige Oberhaupt der Urasenke-Schule, eine besondere Vorliebe für die farbenprächtigen *Takatori-chaire* aus Fukuoka, die nun keineswegs mehr als *wabi*-Gefäße durchgehen können.)

Nun also die Sechs Alten Öfen samt Iga und Mino: Aus all diesen Keramiktraditionen sind vor allem in der Momoyama- und frühen Edo-Zeit Kunstwerke höchsten Ranges hervorgegangen, Gefäße von bisweilen brutaler Schlichtheit und überwältigender Ausdrucksstärke: machtvolle Iga-*mizusashi*, Mino-*chaire* von rücksichtsloser Derbheit, kraftstrotzende Dreiecksvasen aus Bizen, urwüchsige Wasserbehälter aus Tamba, unzerstörbar – so scheint es – wie Granit, Seto-*chaire*, so unbekümmert hingehauen wie Schwarzes Satsuma, Shigaraki-*chawan* wie Urgestein, und noch einmal Mino mit Teeschalen in rotem Shino oder pechfarbenem Schwarz, so lebendig und stark wie Mutter Natur persönlich. – Diese Aufzählung greift, das soll nicht unerwähnt bleiben, nur einzelne der jeweils produzierten Gefäßtypen heraus.

Die meisten dieser Sechs Alten Öfen sind auch heute noch bedeutende Keramikzentren, die – wie in der Vergangenheit auch immer schon – nicht nur Teekeramik herstellen, deren besonderer kultureller Rang jedoch auf eben der Teekeramik beruht. Da sind vor allem Bizen und Shigaraki mit ihren unglasierten Gefäßen, die Bizen-Keramik aus einem derben, körnigen Ton, die Shigaraki-Keramik aus einer noch gröberen, noch stärker von kristallinen Körnern durchsetzten Masse, die den Shigaraki-Gefäßen eine Rauheit verleiht, die sich nicht nur dem Auge, sondern mehr noch der Hand mitteilt, beide mit Ascheanflug-Glasuren und lokalen Verfärbungen der ansonsten bräunlichen Oberfläche, die bei der Bizen-Keramik noch ausgeprägter ausfallen und nicht nur ins Graue und Bläuliche gehen, sondern auch rötliche Brandspuren aufweisen, die durch Umwickeln mit in Salzlauge getränktem Reisstroh kunstvoll erzeugt werden. Bizen – für uns hier im Westen der vermutlich berühmteste Töpferort Japans – weist in gleich drei Töpferfamilien mit dem Titel eines »Lebenden Nationalschatzes« ausgezeichnete Großmeister ihrer Zunft auf: Fujiwara Kei, Kaneshige Tôyô und Yamamoto Toshu, die alle drei ihre Auszeichnung ausschließlich der Meisterschaft verdanken, mit der sie die alten Formen der Teezeremonie-Gefäße zu neuer Vollendung geführt haben.

Auch in Seto, Tamba (heute Sasayama) und Tokoname leben die alten Traditionen fort. Doch während innerhalb der Tamba-Keramik mit ihren einfarbigen, überwiegend braunen Glasuren sowie der unglasierten, Bizen-ähnlichen Tokoname-Keramik die Gefäßtypen der Teezeremonie kaum noch eine Rolle spielen, nimmt umgekehrt Seto – heute allerdings hauptsächlich durch industrielle Fertigung – in der zeitgenössischen *cha no yu*-Szene einen führenden Platz ein: Vor allem die serienmäßig hergestellten *chaire* – jener Gefäßtyp, der schon seit der Muromachi-Zeit die Domäne der Seto-Töpfer schlechthin darstellt – überschwemmen geradezu den einschlägigen Markt. Daneben gibt es freilich auch traditionelle Werkstätten, die hervorragende Einzelstücke aufzuweisen haben. Das besondere Merkmal dieser Seto-Keramik sind der lokale weiße Ton, der die einheimischen Werkstätten des 15. Jahrhunderts förmlich dazu prädestiniert hat, die chinesischen Teepulver-Gefäße nachzubauen (*furuseto-chaire*), sowie die Vielzahl farbiger Glasuren, die sich zu einer prachtvoll-eleganten Ausschmückung der Gefäßwand (ähnlich den *Takatori-chaire* aus Fukuoka) kombinieren lassen.

Raku-Keramik

Und schließlich die *Raku*-Keramik: schlichte, unregelmäßig geformte *chawan* (und beim klassischen Raku handelt es sich ausnahmslos um Teeschalen – erst bei Raku XV. Kichizaemon sind auch *chaire* und vereinzelt *mizusashi* hinzugekommen), schwarz- oder rotglasurige Gefäße, mit der Hand gestaltet, nicht auf der Töpferscheibe gedreht, wie sie erstmals Chôjirô, der Begründer der *Raku*-Dynastie in Kyôto (1516–1589), auf Wunsch und Anregung Sen no Rikyûs hergestellt hat (einige Generationen später ist das Repertoire noch um weißes *Raku* erweitert worden). Die Technik des *Raku*-Schaffens ist aber nicht nur innerhalb der *Raku*-Familie von einer Generation an die nächste weitergegeben worden; auch andere Töpfer wie etwa der Teemeister Honami Kôetsu (1558–1637) oder dessen Enkel Honami Kûchûsai, gleichfalls ein ausgewiesener Meister des Teeweges (1601–1682), haben vollendete *Rakuchawan* hervorgebracht (hierzulande freilich ist die *Raku*-Technik mittlerweile bis zum Hobby für Laientöpfer

Chaire von der Hand des Ueda Sôko, rotes *Raku*, mit Seidenbeutel; frühe Edo-Zeit

Teeschale, weißes *Raku*, Ueda-Soko-Schule, Hiroshima; mittlere Edo-Zeit

herabgesunken – Lichtjahre entfernt von dem Können der großen japanischen Töpfer und Teemeister der Vergangenheit).

Welch atemberaubende Faszination von solchen Meisterwerken ausgehen kann, hat eindringlich der holländische Romancier Cees Nooteboom im dritten Teil seines auch im Deutschen wieder und wieder neu aufgelegten Romans »Rituale« beschrieben. *Raku-chawan* solchen Ranges, zumal die schwarzglasurigen, verkörpern in ihrer scheinbaren Naturwüchsigkeit wie kaum ein anderer Teeschalentypus den *wabi*-Geist der Teezeremonie: Ihre geradezu abgründige Schwärze erzeugt einen Sog in Gefilde der Einsamkeit und Verlassenheit (und nichts anderes bedeutet ja *wabi* dem Wortsinne nach), wie sie dem *hon-rai mu ichi motsu*, dem »Ursprünglich ist da kein einziges Ding« des Hui-neng oder der «Wüste und Einöde Gottes« entsprechen, von der der mittelalterliche Mystiker Meister Eckhart spricht. – Kichizaemon aber, das gegenwärtige Oberhaupt der *Raku*-Dynastie, hat in seinen hochartifiziellen, mit einer den Betrachter raubtierhaft anspringenden Schönheit ausgestatteten *chawan* und *chaire* (mit Keramikdeckel, nicht, wie sonst üblich, mit Deckeln aus Elfenbein oder Holz) eine ins Abstrakte getriebene Verschmelzung zweier geradezu konträrer Keramiktraditionen geschaffen: des *Raku*-Stils eines Honami Kûchûsai und der dekorativen Vielfarbigkeit des Kyô yaki, der schon in der Edo-Zeit vom *Tennô* und dem kaiserlichen Hofstaat bevorzugten üppig verzierten Keramik eines Ninsei oder Ogata Kenzan.

Uwe Löllmann, *mizusashi*, im *Anagama*-Ofen gebrannt, 1988

Teekeramik in Deutschland

Wer in Deutschland Teezeremonie betreibt, der hat freilich auch noch andere, sozusagen einheimische Möglichkeiten, sich mit vorzüglicher *cha no yu*-Keramik auszustatten. Hier sei namentlich auf vier Töpfer hingewiesen, drei davon im Südwesten und der vierte ganz im Norden der Bundesrepublik ansässig. Da ist zum einen Aisaku Suzuki, ein waschechter, philosophisch interessierter Japaner, der seit über 20 Jahren in Breisach lebt und arbeitet: Seine Werkstatt steht für elegante Sommer-Teeschalen, zurückhaltend-einfarbige *mizusashi*, so sparsam im Ausdruck wie ein *Haiku*, eigenwillige Winter-*chawan* für den dünnen Tee, den *usucha* – auf *koicha-chawan* hingegen lässt Aisaku Suzuki die Gemeinde der deutschen *chajin* allerdings schon recht lange warten.

Der zweite sei Horst Kerstan, der sich in den letzten zwei, drei Jahrzehnten vor allem durch seine hellen *Raku*-Teeschalen hervorgetan hat, *mizusashi* sowohl in *Raku*-Technik als auch – unglasiert, mit dezenten Verfärbungen der Oberfläche – im Holzbrand nach Bizen-Art herstellt und bei seinen *chaire* ausschließlich verschiedenfarbige *Raku*-Glasuren verwendet.

Der dritte ist Uwe Löllmann, ein Meister des Holzbrand-Ofens, dessen »Deutsches Bizen« (bei vielen Stücken müsste man vielmehr von »Deutschem Shigaraki« sprechen) die japanische Originalversion an Expressivität noch weit übertrifft: Da gibt es Ascheverkrustungen und Tropfenbildungen samt Verlaufsspuren, wie sie kein japanischer Töpfer wagt (oder

Der *Anagama*-Ofen des Töpfers Jan Kollwitz in Cismar

zustande bringt); da sind auch Oberflächen-Verfärbungen von einer Farbenvielfalt und -intensität, die sich mit denen herausragender Bizen-Gefäße nicht nur vergleichen lassen. Uwe Löllmans Spezialität sind korrekt dimensionierte *chaire* (diejenigen Horst Kerstans sind für die Augen und Hände der Japaner erklärtermaßen zu groß, freilich nicht auch für deutsche), die er mit noch größerer Inbrunst und Könnerschaft verfertigt als seine vielgestaltigen *chawan*, Letztere auch nach dem kritischen Urteil eines japanischen Kenners je nach Formgebung bald *usucha*-, bald *koicha*-tauglich.

Und schließlich der Mann aus dem Norden: Jan Kollwitz, in seinem künstlerischen Schaffen so sehr dem Vorbild der klassischen Keramik Japans verbunden, dass er seine eigenen Erzeugnisse kurzerhand und nicht ganz unbescheiden »Japanische Keramik« nennt. Immerhin besitzt er als einziger Töpfer in Deutschland einen originalen, von einem japanischen Ofenbaumeister errichteten Anagama-Ofen; und was er heutzutage, nach beträchtlichem Zuwachs an Erfahrung, diesem unscheinbaren Wunderwerk entnimmt, hat in Formgebung und Farbigkeit der Oberflächen durchaus die Qualität erlesener Iga- oder Shigaraki-Stücke. So kann er dem deutschen *chajin* meisterhafte Kaltwassergefäße sowie Vasen fürs *chabana*, zumal solche des traditionellen Iga-Typs, anbieten; doch *chawan* und *chaire* gehören bisher noch nicht zu seinem Repertoire: Er fühlt sich nämlich, eigener Auskunft zufolge, einer japanischen Tradition verpflichtet, die als Vorbedingung für das Wagnis, mit eigenen Teeschalen und Teepulvergefäßen an die Öffentlichkeit zu treten, einen langjährigen persönlichen Reifungsprozess ansetzt; und also sei er für *chawan* und *chaire* noch um ein gutes Jahrzehnt zu jung.

Solchermaßen japanische Teezeremonie mit »deutscher« Teekeramik zu betreiben widerspricht weder dem Geist noch der Tradition des Teeweges: Schon im 16. Jahrhundert sind japanische Teemeister und Liebhaber des *cha no yu* dazu übergegangen, die bis dahin als ausschließlich angemessen geltenden, früheren Jahrhunderten entstammenden chinesischen Gefäße aus der Teezeremonie zu verbannen und durch einheimische und zeitgenössische Produkte zu ersetzen, nicht zuletzt deshalb, weil die chinesischen Stücke für die meisten Anhänger des Teeweges schlicht unerschwinglich waren (für besonders kostbare Exemplare haben etwa die Lehnsfürsten der Shôgune ein- und mehrstellige Millionenbeträge bezahlt). In gleicher Weise können wir heutzutage, so sehr wir die zeitgenössische japanische Teekeramik insbesondere der großen, zum »Lebenden Nationalschatz« erhobenen Töpferkünstler bewundern mögen, uns der Meisterstücke deutscher Keramiker bedienen und damit authentische Teezeremonie betreiben. So sind wir keineswegs namentlich auf die künstlerisch nur mäßig anspruchsvollen, aber relativ preiswerten Teeschalen japanischer Provenienz angewiesen, wie sie im Teefachhandel oder in Geschäften für japanischen Lebensstil angeboten werden. Vielmehr können wir der dem Teeweg seit alters innewohnenden Tendenz zu schönem Gerät auch damit genügen, dass wir bei unseren *cha no yu*-Zeremonien an japanischen Vorbildern orientierte, aber weitaus preisgünstigere Glanzstücke einheimischer Töpfer präsentieren, für die wir uns nicht hoffnungslos überschulden müssen.

Eine abschließende Bemerkung sei noch gestattet: Bei einer Teezeremonie mit Gefäßen von solch verhaltener und zugleich kraftvoller Schönheit umzugehen, in denen sich, aufbrechenden Knospen des Frühlings vergleichbar, die Schönheit der »Zehntausend« Dinge offenbart, sie mit Achtsamkeit, Ehrfurcht und gesammelter Stille zu handhaben, entspricht ganz und gar dem Geist des Zen. Denn den Zen-Weg zu gehen bedeutet ja keineswegs, buddhistisch oder christlich der Welt zu entsagen, sondern sich ihr im Gegenteil rückhaltlos zuzuwenden, sich ihr und ihrer Fülle aus der Leere des Geistes heraus zu öffnen und die Dinge so zu erfahren, wie sie sind:

Im Leeren, so sagt das Sûtra,
Gibt es die Sinne nicht,
Kein Gefühl, kein Bewusstsein,
Also auch Freude, auch Liebe nicht,
Keine Güte, die andren
Dich zu schenken dich drängt.
Einverstanden, so ist es.
Doch aus der Leere entsteigen,
Ebenso zweifelsfrei,
Dir in dein Leben, dein all-
Tägliches Tun,
Entsteigen Worte des Jubels,
Entsteigen Liebe und Güte,
Für andere da zu sein,
Ohne Erwartung du
Von Gegengabe, von Dank.

Und wie es das Sûtra fordert,
Tauchst du ins Leere ein,
Legst den Leib ab, die Sinne,
Denken und deiner bewusst zu sein.

So verwandelt in Leerheit –
Doch verharrst du so nicht,
Trittst hinaus in den Tag, die
Schönheit der Welt überfällt dich,
Schlägt in dich ein: ein Blitz,
Der unter Asche die Glut
Zündet und sprengt.
So scheint sie auf im Erstrahlen
Der Dinge: Dein ist die Glut, die
Der Welt unterliegt. Du weißt:
Schönheit ringsum ist nichts
Als deine Epiphanie.

(D.R. – entstanden während eines Aufenthaltes im Sôgenji, Zen-Kloster in Okayama, zugleich *Ittekisui-* oder »Ein Tropfen Wasser«-Töpferwerkstatt, aus der anlässlich des 300. Todestages des Gründungsabtes mehrere hundert *chawan* von einer so radikalen Kunstlosigkeit hervorgegangen sind, wie sie koreanischer, wie sie *wabi*-artiger nicht sein kann; 20. 9. / 1. 10. 2000)

Teezeremonie –
Erfahrung eines neuartigen Glücks

In der Tat: Was soll uns diese fremdländische und obendrein absurde Art von Miteinander, die nicht einmal Geselligkeit so recht aufkommen lässt, weil wir uns jede frei schweifende Unterhaltung mit den anderen Gästen und dem Gastgeber versagen müssen? Dann ist da noch die vielhundertjährige, totenstarre Tradition, an der auf gar keinen Fall gerüttelt werden darf. Das alles passt doch so gar nicht in unsere quicklebendige, keine Einschränkungen der individuellen Freiheit duldende, geradezu zu hysterischer Lebensfreude verurteilte, grenzen- und schamlos Nichtigkeiten kommunizierende, von allgegenwärtigem Handy-Geplärr erfüllte Zeit!

Sicherlich. Aber bedenken wir: Der Teeweg gehört, wie früher schon erwähnt, zu jenen berühmten Fünf Wegen, die der klassischen japanischen Kultur auch im Westen wieder und wieder Anhänger gewonnen haben: Was ist es, das all diese Wege auch für uns »Westler« attraktiv macht? Ist es nicht das besondere Maß an Achtsamkeit, das sie dem Übenden abverlangen? Das zur Ruhe Kommen, wenn wir uns in das von genauen Regeln geleitete Tun versenken? Die Frische und Lebendigkeit, die wir durch solches Tun in uns erfahren? Und was für die vier anderen Wege gilt, das trifft selbstverständlich auch auf die Teezeremonie zu, die im Übrigen den anderen Wegen das voraus hat, dass auch derjenige, der nicht selbst praktiziert, sondern nur einmal als Gast an einer Teezusammenkunft teilnimmt, etwas von diesem Geist der Stille, der Gelassenheit, des inneren Friedens in sich verspüren kann. Auch von dem wohltuenden Respekt, der zwischen Gastgeber und Gästen waltet; von der beglückenden Harmonie, zu der sich Teeraum, Bild- und Blumenschmuck, Gerätschaften und die Performance selbst zusammenfinden; von der sozusagen weihevollen Atmosphäre, die uns dem Alltag, allem Gewöhnlichen, allem Bekümmernden entrückt.

In Japan, so lautet eine Schätzung, sind es immerhin noch etwa zwei Millionen Menschen und damit nicht einmal zwei Prozent der Gesamtbevölkerung, die sich heute noch aktiv der Teezeremonie befleißigen. Gleichwohl besitzt sie nach wie vor hohen gesellschaftlichen Rang: Das gegenwärtige Oberhaupt der Ueda-Sôko-Schule beispielshalber zelebriert bei herausragenden öffentlichen Gedenk- und Feiertagen im größten buddhistischen Tempel Hiroshimas oder seinem zentralen Shintô-Schrein, Letzteres in Anwesenheit sämtlicher städtischer Würdenträger, höchstpersönlich eine formale Teezeremonie (mit Mundschutz und *shin no daisu*, jenem Lackgestell für die Teegerätschaften, wie es nur bei allerhöchsten Zeremonien Verwendung findet). Oder wenn ein führendes

Wirtschaftsunternehmen der Stadt seinen ausländischen Geschäftspartnern eine besondere Ehre erweisen will, dann lässt es die Ueda-Sôko-Schule im geräumigen Teepavillon des *Shukkeien*-Parks eine Teezeremonie ausrichten. Und doch gibt es, gerade in Japan, kritische Stimmen, die behaupten, entgegen all solchen Anzeichen öffentlicher Bedeutsamkeit sei die Teezeremonie in Wahrheit tot, zur leeren Hülle vertrocknet, zur bloßen Form erstarrt. Auch die Tatsache, dass die Urasenke-Stiftung in Kyôto ein geradezu pompös wirkendes »Institut zur Erforschung der Teezeremonie« unterhält, beweist nicht unbedingt das Gegenteil. Ließe sich doch einwenden: Was noch lebendig ist, braucht nicht erforscht zu werden, es wird ganz einfach gelebt; das Vergangene und Tote hingegen ist es, dessen man sich nur noch durch nachträgliches Erforschen vergewissern kann (dass dieses Argument nicht sonderlich stichhaltig ist, steht auf einem anderen Blatt).

Und in Deutschland? Da gibt es, erfreulicherweise, seit zwei, drei Jahrzehnten in einigen Städten (etwa München, Englischer Garten oder Hannover, Stadtpark) original japanische Teehäuser, in Hannover sogar von einem ebenso waschechten Teegarten umgeben, und in einigen Museen von überregionaler Bedeutung wie dem Linden-Museum in Stuttgart oder dem Hamburger Museum für Kunst und Gewerbe Teehaus-ähnliche Räumlichkeiten (im Museum für Ostasiatische Kunst in Berlin-Dahlem seit kurzem sogar den kompletten Nachbau eines klassischen Teepavillons), in denen Teezeremonie-Vorführungen abgehalten und auch Teeschüler zu zukünftigen Teemeistern herangebildet werden (können). Doch so erfolgreich all diese Unternehmungen auch sein mögen (und dass sie es sind, ist nur zu wünschen) – niemals wird die Teezeremonie in Deutschland eine vergleichbare gesellschaftliche Bedeutung erringen, wie sie sie in Japan immer noch hat.

Und dessen bedarf es auch gar nicht. Denn bei der Teezeremonie in Deutschland geht es in unseren Augen um etwas ganz anderes: Wann immer sich nach einer öffentlichen Vorführung die Teilnehmer zu Wort melden, kommen sie auf die sie selbst überraschende Erfahrung einer wohltuenden Ruhe zu sprechen, die die Teezeremonie ausstrahlt. Und genau damit treffen sie durchaus den Kern der Sache: Sicherlich können auch wir »Westler« uns der Teezeremonie als einer besonderen Spielart von Gastlichkeit bedienen; doch das Besondere, das wir bei unseren eigenen Veranstaltungen den Gästen bieten wollen, ist nicht so sehr das besondere Getränk eines kräftigen *usucha* oder eines kostbaren *koicha*, auch nicht der besondere Genuss des *kaiseki* genannten Mahls, das der eigentlichen Teezeremonie vorgeschaltet ist; das Besondere ist vielmehr das Teeritual selbst, die harmonische, in ruhigem Fluss dahingleitende Performance von höchstem ästhetischen Reiz. Eine Performance, deren meditativer Wirkung sich kein Gast entziehen kann, auch gar nicht entziehen will. Und je stärker die Teilnehmer einer Teezeremonie ihr Leben als von Stress und Hektik geprägt empfinden, umso wohltuender erfahren sie nach eigenem Bekunden das Erlebnis dieses ausgefeilten und stimmigen Rituals.

Wer aber hierzulande die Teezeremonie sogar selbst erlernt, wer die Ausdauer und Selbstdisziplin aufbringt, die das Erlernen ihrer zahlreichen und höchst unterschiedlichen Varianten erfordert, der hat zweifellos auch für sich selbst eben diese meditative Wirkung mit ins Auge gefasst. Dass unser Schönheitssinn sich angesprochen fühlt, ist sicherlich nicht unwichtig; doch weit größeres Gewicht dürfte die Tatsache haben, dass der gleichmäßige Fluss der Bewegungen, die das Ritual dem Ausübenden abverlangt, wie eine Übung des *Tai ji quan* dazu verhilft, dass Spannungen und Verspannungen abfallen und das Gefühl eines tiefen inneren Friedens Leib und Seele durchströmt. Das zu erfahren, diese Erfahrung anderen zu vermitteln, ist in unseren Augen Grund genug, weshalb wir gerade heute – inmitten der sich überschlagenden Zumutungen seitens des Konsum- und Medienterrors – etwas so Gestriges wie die japanische Teezeremonie betreiben sollten.

Und dass wir in diesem Buch einem vom Zen-Geist bestimmten *cha no yu* im Sinne längst hinabgesunkener Jahrhunderte das Wort geredet haben, zielt ebenfalls auf diejenigen ab, die sich aktiv dem Teeweg verschreiben wollen. Der besondere Lohn, den solches Bemühen damals wie heute eintragen kann, sei noch einmal, und zwar mit einer noch älteren Anekdote, hervorgehoben: Hui-neng, der 6. Chan-Patriarch aus dem 7./8. Jahrhundert, erfuhr seine Erleuchtung oder »Befreiung«, als er, noch in jungen Jahren, aus dem Diamant-Sûtra die folgenden Sätze rezitieren hörte: »Darum, Subhuti, sollten alle [Wesen, die nach Erleuchtung streben] einen reinen, lichten Geist entwickeln, der nicht bei irgendeinem Klang, Geruch, Geschmack noch sonst einem Sinneseindruck verweilt. Ja, [sie] sollten einen Geist entwickeln, der bei überhaupt nichts verweilt.« Und genau das, ein Geist, der bei nichts verweilt, an nichts haftet, sich von nichts festhalten lässt, genau das macht jene beglückende, weil frei fließende Lebendigkeit aus, wie sie sich im rechten, dem *mu shin* entspringenden Vollzug des Teerituals einstellt und von dorther in andere Lebensbereiche ausstrahlt: Wenn wir uns vom Ritual und seinem Ablauf ohne jedes Zaudern führen lassen, ohne bei irgendeiner einzelnen Handlung zu verweilen, ohne einem Schritt nachzuhängen, der bereits hinter uns liegt, ohne zum nächsten oder übernächsten Schritt besorgt vorauszueilen, ohne uns von sonst einer Ablenkung einfangen zu lassen – dann fallen uns Sternstunden vollendeter *cha no yu*-Praxis zu, einer Einheit von Stille des Geistes und ungehindertem Tätigsein, in der sich Teezeremonie und Zen-Buddhismus auf das Glücklichste und Beglückendste gegenseitig ergänzen und miteinander verschmelzen.

Noch ein Wort zu der schier unübersehbaren Vielzahl unterschiedlicher Zeremonien: Ein Großteil davon, insbesondere all die *karamono-*, *bonten-karamono-*, *daitenmoku-* und *bonten-daitenmoku*-Zeremonien, sind unter anderem auch Ausdruck der strikt hierarchisch gegliederten Feudalgesellschaft, die das Japan der Edo-Zeit unzweifelhaft gewesen ist. Da wird unterschieden zwischen Zeremonien für einen *kinin* (eine »hoch gestellte Persönlichkeit«) und seinen oder seine Diener oder Aufwärter, und Zeremonien für einen *tonosama* (einen Fürsten) und seine *otomo* (die rangniederen, aber immer noch hoch gestellten Begleiter) oder für einen *tonosama*, einen *kinin* und einen oder mehrere ganz gewöhnliche *otomo*: Welchen Sinn könnte es haben, derartig nach sozialem Status differenzierende Zeremonien in unserer demokratischen, zumindest nominell auf Gleichheit abgestellten Gesellschaft zu praktizieren? (Dass in Wirtschaftsunternehmen die Beachtung solcher Statusunterschiede nach wie vor verlangt und gehorsamst, um nicht zu sagen, untertänigst befolgt wird, sei einmal außer Acht gelassen.) So wäre hier von dem überraschenden Vorkommnis zu berichten, dass eine Teilnehmerin einer unserer Vorführungen sich im Anschluss an eine *bonten-daitenmoku*-Zeremonie zu dem Unmut und der inneren Empörung bekannte, die sie angesichts der unterschiedlichen Behandlung der drei Gäste durch den Gastgeber empfunden habe! Was also sollen derart »alte Zöpfe«? Nach unseren eigenen Erfahrungen haben diese Zeremonien sowohl für den Ausübenden wie für Zuschauer auch heute noch ihren Sinn, freilich einen ganz anderen als den ursprünglichen: Die immer weiter anwachsende Komplexität ihrer Handlungsabläufe bedeutet zugleich eine Zunahme ihrer meditativen, Samâdhi-gleichen Wirkung: Je ausführlicher sich der Ausübende in ein Ritual vertieft, je differenzierter die Aufmerksamkeit ist, die das Ritual dem Zuschauer auferlegt, desto stärker ist der Sog in Richtung meditativer Versenkung, der von dem Ritual ausgeht. Und deshalb sollte es durchaus nicht heißen: »Weg mit diesen Relikten einer versunkenen und obendrein fremden Feudalgesellschaft!«, sondern ganz im Gegenteil: »Gerade diese Rituale hier und jetzt erst recht!«

In Japan werden ebendiese Zeremonien heutzutage offiziell nicht mehr praktiziert, weil Japan seit den Reformen der *Meiji*-Zeit, spätestens aber seit der Mitte des 20. Jahrhunderts keine feudalen Strukturen mehr aufweist und es damit auch keine Fürsten und sonstigen Würdenträger eines Feudalsystems mehr gibt, sich vielmehr nach der Niederlage Japans im Zweiten Weltkrieg auch dort eine stabile, ständischem Denken konträre, freilich alles andere als hierarchiefreie

Demokratie etabliert hat. Gleichwohl werden diese Zeremonien innerhalb der einzelnen Teeschulen (und nur dort) weiterhin tradiert, wenn auch nur zu Zwecken der Übung, damit die Teeschüler daran den Stand ihrer Kenntnisse und Fertigkeiten erproben beziehungsweise erweisen können. Wir in Deutschland dürfen mit diesem Überlieferungsgut freier umgehen und können es uns erlauben, auch diese Zeremonien öffentlich, für und mit Menschen zu zelebrieren, die nicht Mitglieder der vom jeweiligen Teemeister, von der jeweiligen Teemeisterin vertretenen Teeschule sind.

Zitatnachweise

1 Erschienen 1972; deutschsprachige Ausgabe: »Die Schönheit der einfachen Dinge«, 1999
2 Ebenda, S. 114
3 Erschienen im Heft 71, 1992, der von der Urasenke-Foundation herausgegebenen Vierteljahres-Zeitschrift *CHANOYU Quarterly. Tea and the Arts of Japan*, S. 6; Übersetzung der Autoren
4 A.L. Sadler: *CHANOYU. The Japanese Tea Ceremony*, S. 60
5 Sôetsu Yanagi: Die Schönheit der einfachen Dinge, Seite 174f. und Seite 173.
6 Ebenda, S. 114
7 zitiert nach Franziska Ehmke, Der japanische Teeweg, S. 35
8 zitiert nach Toshihiko und Tôyô Izutsu: Die Theorie des Schönen in Japan, S. 197
9 zitiert nach Toshihiko und Tôyô Izutsu, a.a.O., S. 178; vgl. auch Horst Siegfried Hennemann, Chasho. Geist und Geschichte der Theorien japanischer Teekunst, 1994, S. 222
10 *Nambôroku*, zitiert nach Toshihiko und Tôyô Izutsu, a.a.O., S. 189; vgl. auch Hennemann, a.a.O., S. 244).
11 zitiert nach Franziska Ehmke, Der japanische Teeweg, S. 46
12 so Toshihiko und Tôyô Izutsu, a.a.O., S. 198/199
13 Hennemann, a.a.O., S. 258
14 Toshihiko und Tôyô Izutsu, a.a.O., S. 199/200
15 Hennemann, a.a.O., S. 259
16 Toshihiko und Tôyô Izutsu, a.a.O., S. 200
17 vgl. »Die Geschichte vom Prinzen Genji«, Insel Taschenbuch 1003, Kapitel 12: »Verbannung in Suma«
18 vgl. Hennemann, a.a.O., S. 114, Anmerkung 107

Bildnachweise

Die Abbildungen in diesem Buch konnten mit der freundlichen Zustimmung der jeweiligen Herausgeber aus folgenden Büchern bzw. Katalogen entnommen werden:

Ueda Sôshi: Ueda Sôko no Cha; Hiroshima
(Seiten 31, 37,49, 51, 57, 65, 75, 91, 93, 97, 125, 131, 147, 153, 155, 159, 163, 165, 171, 175)

Hideyoshi, Oribe to Ueda Sôko; Ausstellungskatalog des Kunstmuseums der Präfektur Hiroshima (Seiten 43, 69, 85)

Jan Kollwitz: Katalog (Seite 179)

Uwe Löllmann: Katalog (Seite 177)

Die Kalligraphie *mu jin zô* stammt von Harada Shôdô Rôshi (Seite 115)

Teeschulen in Deutschland

Düsseldorf: Urasenke Düsseldorf
40547 Düsseldorf,
Niederkasseler Kirchweg 150
Tel: 0211 / 55 30 85

Freiburg: Urasenke-Stiftung. SeminarZENtrum,
Leitung: Ulrich Haas
79194 Gundelfingen, Hansjakobstr. 26 A
Tel: 0761 / 585 36 36, Fax: 0761 / 585 36 38
Email: info@teeseminar.de
www.teeseminar.de

(Ulrich Haas gibt auch in **Frankfurt**, Museum für Angewandte Kunst, Schaumainkai 17, sowie in **Stuttgart**, Linden-Museum, Hegelplatz 1, einmal monatlich Unterricht)

Hamburg: Museum für Kunst und Gewerbe
20099 Hamburg, Steintorplatz
Tel: 040 / 42854- 2732
Email: service@mkg-hamburg.de

(an jedem 3. Wochenende Vorführungen und Unterricht im Stil der Urasenke-Schule)

Hannover: CHA ZEN ICHIMI: »Teezeremonie und Zen – ein einziger Geschmack«
Schule für japanische Teezeremonie
Der Teeweg des Ueda Sôko, Hiroshima
Dr. Dietrich und Jana Roloff
30177 Hannover, Dahnstr. 13
Tel: 0511 / 69 49 61
Email: jadiro@web.de
www.teezeremonie-zen.de

Ueda Sôko Ryû Hannover
Hiroyo Nakamoto
Willmerstr. 20c
30519 Hannover
Tel: (0511) 28 80 309
Email: hinakamoto@yahoo.co.jp
www.teepulver.de

München: Gesellschaft der Freunde des Teeweges Urasenke e.V.
81307 München, Postfach 70 07 24
Tel. und Fax: 089 / 22 43 19
Email: munich@urasenke.de
www.urasenke.de

Nürnberg: Jikishin Chadokai Nürnberg e.V.
90461 Nürnberg, Hainstr. 25
Email: staufenbiel@teeweg.de
www.teeweg.de

Einheimische Teekeramik

Horst Kerstan,
79400 Kandern, Böscherzenweg 3, Tel. 07626 / 325

Jan Kollwitz,
23743 Cismar, Altes Pastorat, Bäderstr. 23, Tel. 04366 / 614
www.jankollwitz.de

Uwe Löllmann,
78247 Hilzingen, Kapellenhof, Tel. 07739 / 206
www.uweloellmann.de und www.anagama.de

Aisaku Suzuki,
79206 Breisach, Spichgrünweg 14, Tel. 07667 / 68 07
www.keramiksuzuki.de

Weitere Literatur zur Teezeremonie

Berliner, Anna: Der Teekult in Japan, Japan-Bibliothek der »Asia Major«, Bd. 1; Dr. Bruno Schindler, 1930 (längst vergriffen)

Ehmke, Franziska: Der japanische Teeweg. Bewusstseinsschulung und Gesamtkunstwerk; Dumont Taschenbücher, 1991 (ebenfalls vergriffen)

Hammitzsch, Horst: Zen in der Kunst des Teeweges; O.W. Barth, 1958 (immer wieder neu aufgelegt und daher noch lieferbar)

Hennemann, Horst Siegfried: Chasho. Geist und Geschichte der Theorien japanischer Teekunst; Harrassowitz, 1994 (so etwas wie ein Standardwerk, noch lieferbar)

Izutsu, Toshihiko und Tôyô: Die Theorie des Schönen in Japan; Dumont Taschenbücher (mit ausführlichen Kapiteln zur Teezeremonie und zum Nambôroku; vergriffen)

Jahn, Gisela / Petersen-Brandhorst, Anette: Erde und Feuer. Traditionelle japanische Keramik der Gegenwart; Hirmer / Deutsches Museum München, 1984 (Ausstellungskatalog, längst vergriffen)

Koren, Leonard : Wabi-sabi für Künstler, Architekten und Designer. Japans Philosophie der Bescheidenheit; Wasmuth, 1995

Musée Cernuschi, Paris: Japon, Saveurs et Sérénité. La Cérémonie du Thé dans les collections du Musée des Arts Idemitsu; Katalog einer Ausstellung des Jahres 1995, ISBN 2-87900-211-7 (mit Beiträgen u.a. von Sen no Sôsa XIV, dem derzeitigen Großmeister der Omotesenke-Schule)

Ôhashi, Ryôsuke: KIRE. Das »Schöne« in Japan; Dumont, 1994 (Aufsätze zur japanischen Ästhetik, mit einem Kapitel über die Teezeremonie)

Okakura, Kakuzo: Das Buch vom Tee; Insel Taschenbuch (immer wieder neu aufgelegt: die englischsprachige Originalausgabe bereits 1906 erschienen)

Sadler, A.L.: CHA-NO-YU. The Japanese Tea Ceremony; 1933, erneut aufgelegt: Tuttle, 1962

Sôshitsu, Sen: CHADO, Der Teeweg; Theseus, 1991; 2. Auflage 1998 (vergriffen)

Sôshitsu, Sen: CHANOYU; The Urasenke Tradition of Tea; Weatherhill, 1988 (eine ausführliche Geschichte der Urasenke-Schule und ihrer Großmeister)

Sôshitsu, Sen: Urasenke CHANOYU. Handbook One/Two; Urasenke Foundation 1980 (detaillierte, mit Fotos ausgestattete Beschreibung des Ablaufs der vier Standard-Zeremonien: Usucha- und Koicha-, jeweils Sommer- und Winterzeremonie)

Yanagi, Sôetsu: Die Schönheit der einfachen Dinge; Gustav Lübbe, 1999 (die englischsprachige Originalausgabe ist bereits 1972 unter dem Titel »The Unknown Craftsman. A Japanese Insight into Beauty« erschienen)

CHANOYU Quarterly, Tea and the Arts of Japan (herausgegeben von der Urasenke Foundation, Kyôto): Hefte 1–88 (soweit noch lieferbar, sind sie über folgende Adresse zu beziehen: Ulrich Haas, Urasenke-Stiftung. SeminarZENtrum, 79194 Gundelfingen, Hansjakobstr. 26 A, Tel: 0761 / 585 36 36, Fax: 0761 / 585 36 38, **Email: mdihaas@t-online.de**): eine hervorragende Vierteljahres-Zeitschrift, leider 1999 eingestellt; im Heft 88 findet sich ein Index zu sämtlichen veröffentlichten Artikeln

Verzeichnis der japanischen Begriffe

Vorweg ein paar Hinweise zur Aussprache des Japanischen:

»ch« wird wie hartes »tsch« ausgesprochen, »j« wie weiches »dsch« (z.B. englisch »journey«) und »y« wie deutsches »j« (z.B. in »ja«)

»s« wird als scharfer Zischlaut ausgesprochen (wie das »ß« in »Straße«) und »z« als weicher Zischlaut (in dem Wort »Zen« also wie deutsches »s« in »Saft«)

»ei« ist die landläufige Schreibweise für ein langes »e«
ein japanisches »r« klingt fast wie ein »l«
vor einem »m« wird »n« gleichfalls wie »m« gesprochen

Anagama-Ofen – japanischer Einkammerofen, der von der Stirnwand aus mit Holz befeuert wird (*anagama* bedeutet wörtl.: »Höhlen-Ofen«); sein Gegenstück, der *noborigama*, ist der an den Berghang gebaute, aufsteigende (Mehrkammer-)Ofen, der zusätzlich auch von den Seiten her befeuert wird

bokuseki – wörtl.: »Tuschespur«: die Spur, die der tuschegetränkte Pinsel bei der für Zen-Kalligraphien charakteristischen spontanen Schreibbewegung auf dem Papier hinterlässt

bonten-daitenmoku – die höchste Stufe der chinesischen Teedosen und -schalen gewidmeten Zeremonien, wobei neben der aus China stammenden → *tenmoku*-Schale auf einem Lackständer die → *chaire*, das Teepulvergefäß, auf einem Lacktablett gehandhabt wird

bonten-karamono – die zweite von insgesamt vier auf chinesische Dosen und Schalen ausgerichteten Rangstufen der Teezeremonie, bei der das aus China stammende Teepulvergefäß auf einem Lacktablett präsentiert wird

bukecha – der »Tee der Krieger«, eine Bezeichnung für den vom Schwertadel bevorzugten Stil der Teezeremonie

cha no yu – andere Bezeichnung für die Teezeremonie, wörtl.: »heißes Wasser für den Tee«

cha zen ichimi – wörtl.: »Tee und Zen – ein einziger Geschmack«, von Sen no Sôtan geprägte Formel, die die geistige Identität des Tee- und des Zen-Weges verdeutlicht

chadô – allgemeine Bezeichnung für den Teeweg als die lebenslange, auf eine spezifische Formung der Persönlichkeit zielende Beschäftigung mit der Teezeremonie

chaire (cha-ire) – Keramikdose mit kleinem Elfenbein- oder Holzdeckel, die das Teepulver für den dicken Tee aufnimmt

chaji – formelle Teezusammenkunft, bestehend aus einem einleitenden Essen, einer Zeremonie für den dicken und einer abschließenden für den dünnen Tee

chajin – wörtl.: »Teemensch«, jemand, der den Weg des Tees praktiziert

chatsubo – ein krugartiges, zwischen 30 und 40 Zentimeter hohes Keramikgefäß, das dazu diente, die getrockneten Teeblätter ohne Verlust des Aromas über längere Zeit (bis zum Herbst, zur feierlichen Teeöffnungszeremonie) aufzubewahren: Dieser Krug wurde fest verschlossen, und für die Schnüre, mit denen der Deckel in die kreisrunde Öffnung hineingepresst wurde, waren auf der Schulter zwei bis vier Ösen, auch »Ohren« genannt, angebracht

chawan – Bezeichnung für die spezifische Art von Teeschale, wie sie nur bei der Teezeremonie verwendet wird

chosenkaratsu – eine in Karatsu, einem auf der Insel Kyûshû gelegenen Töpferort, heute noch gepflegte koreanische Keramiktradition, die durch eine besondere, schwarzweiße Glasur gekennzeichnet ist

Daimyô – wörtl.: »Großer Name«, Titel der Lehnsfürsten im feudalen Japan. Besonders verdiente Samurai konnten vom Shôgun mit einer Provinz als erblichem Lehen ausgestattet werden, ein Besitz, der ihnen genauso gut auch wieder genommen werden konnte

daimyôcha – der »Tee der Lehns- oder Landesfürsten«, eine von Furuta Oribe, Kobori Enshû, Ueda Sôko und Katagiri Sekishû gestaltete Stilrichtung, die dem Repräsentationsbedürfnis der Provinzfürsten entgegenkam

daisu – ein *tatami*-breites doppelstöckiges Gestell aus lackiertem Holz zur Aufnahme der Teegeräte bei einer formalen Teezeremonie

daitenmoku – die dritte und vorletzte Stufe der auf chinesische Teedosen und -schalen ausgerichteten Zeremonien, bei der die aus China stammende *tenmoku*-Schale auf einem Lackständer, die ebenfalls aus China stammende Keramikdose für das Teepulver jedoch ohne weiteren Untersatz gehandhabt wird

dôjôcha – der »Tee der Paläste«: der von Kanamori Sôwa geschaffene Stil der Teezeremonie, wie er von den Angehörigen des Kaiserhauses und des Hofadels als ihrem gesellschaftlichen Rang angemessen empfunden und demgemäß bevorzugt praktiziert wurde

dokusan – wörtl.: »allein (zu einem Höheren) gehen«, die Begegnung eines Zen-Schülers mit seinem Meister in der Zurückgezogenheit von dessen Wohnraum; der Schüler soll dabei den Stand seiner Übung demonstrieren

Edo-Zeit – die letzte Epoche des feudalen Japan, auch die Zeit des Tokugawa-Shôgunats (1615–1868), benannt nach der Stadt Edo (heute Tôkyô), in der die Tokugawa-Shôgune residierten

ensô – der mit einem einzigen Pinselstrich gezogene schwarze Tuschekreis auf weißem Grund, das Symbol für die Leere des Geistes, den Zustand der Erleuchtung

furuseto – wörtl.: »altes Seto«, Bezeichnung insbesondere für die Teepulvergefäße, die im 15. Jh. in dem Töpferort Seto in engster Anlehnung an die chinesischen Vorbilder hergestellt wurden, um die damalige, die Verfügbarkeit chinesischer Originale weit übersteigende Nachfrage zu befriedigen

gaijin – wörtl.: »Ausländer«: die in Japan übliche Bezeichnung für jeden Nicht-Japaner, durchaus mit einem despektierlichen Unterton: Es kann jemand für Jahrzehnte in Japan leben, und doch wird er niemals ganz für vollwertig genommen werden

Genji monogatari – die »Geschichte des Prinzen Genji«, der älteste Roman der Weltliteratur, um das Jahr 1000 von der Hofdame Murasaki Shikibu am kaiserlichen Hof in Heian, dem heutigen Nara, geschaffen

Genroku-Ära – die relativ kurze Zeitspanne der Jahre 1688 bis 1704, gekennzeichnet durch einen förmlichen Ausbruch von Lebensfreude während der ansonsten durch strengste Reglementierung des Alltagslebens bestimmten Edo-Zeit
gyô – der semiformale Stil der Teezeremonie, ursprünglich von Murata Jukô durch die Verschmelzung der auf das Vorbild chinesischer Eleganz ausgerichteten hohen und der betont schlichten, nur einheimische Alltagskeramik verwendenden Stilrichtung ins Leben gerufen

haiku – ein dreizeiliges Gedicht mit der Silbenfolge 5–7–5
hanaike, hanaire (hana-ike, hana-ire) – Hänge- oder Standvase für den Blumenschmuck während der Teezeremonie
Heian-Zeit – eine lang anhaltende Periode kultureller Hochblüte (794–1185), insbesondere der höfischen Kultur, mit Heian (heute Nara), dem Sitz des Kaisers, als Zentrum
Higashiyama-Stil – der von Nôami begründete und vom Ashikaga-Shôgun Yoshimasa nach Nôamis Tod weiterhin geförderte Stil der Teezeremonie, der durch den Gebrauch des doppelstöckigen Gestells für die Teegeräte sowie die Benutzung ausschließlich chinesischer Gerätschaften gekennzeichnet ist und für seine Durchführung einen eleganten, großflächigen Raum im Stil eines Schreibzimmers verlangt
Higashiyama-Zeit – die kurze, lediglich die Jahre 1483 bis 1490 umfassende Periode kultureller Hochblüte, die sich dem Einsatz des abgedankten Shôguns Ashikaga Yoshimasa für die japanischen Künste: *Nô*-Spiel, Blumenstecken, Gartengestaltung, Kettendichtung und Teezeremonie verdankt
honcha – wörtl.: der »wahre Tee«: der von Myôe an den Berghängen von Toganô (nordwestlich von Kyôto) angebaute

Tee, der durch seine hervorragende Qualität die Sorten aller übrigen Anbaugebiete übertraf

hon-rai mu ichi motsu – wörtl.: »Ursprünglich ist da kein einziges Ding«, die japanische Version der entscheidenden Aussage im Erleuchtungsgedicht des Hui-neng, des 6. Patriarchen des chinesischen Chan-Buddhismus, der mit der Gründung der so genannten Südschule dem Meditations-Buddhismus in China die entscheidende Wendung gab

ido chawan – aus dem Korea des 16. Jh. übernommene Form der Teeschale: trichterförmig, mit großer Öffnung (in Korea selbst ist diese Gefäßform damals durchaus nicht als Teeschale benutzt worden)

Ittekisui – wörtl.: »ein Tropfen Wasser«, Name der Töpferwerkstatt im Rinzai-Kloster Sôgenji in Okayama

kaiseki – das rituelle Essen bei einer formellen Teezusammenkunft

kama – der »Heißwasserkessel« über glühender Holzkohle, im Sommer auf dem tragbaren Holzkohlebecken, im Winter in der in den Boden eingelassenen Feuerstelle benutzt

Kamakura-Zeit – die Periode des ersten Shôgunats der japanischen Geschichte, 1192 bis 1333, benannt nach der Stadt Kamakura, dem Sitz der vom Shôgun geleiteten Militärregierung, zugleich die Zeit der ersten Hochblüte des Zen-Buddhismus (weltbekannt der große »Buddha von Kamakura«)

karamono – wörtl.: »Stück aus China«, zusammenfassende Bezeichnung für aus China importiertes Teegerät, insbesondere Teedosen und -schalen, vornehmlich aus der Zeit der Tang- und der Song-Dynastie

Katsura Rikyû – das bedeutendste Zeugnis der klassischen japanischen Architektur: ein am Südwestrand von Kyôto gelegener und von einem großartigen Landschaftsgarten umgebener kaiserlicher Palast: 1615 von Prinz Toshihito mit der Errichtung des »Alten Shoin-Baus« begonnen und von seinem Sohn Toshitada 1649 durch mehrere Erweiterungsbauten, den »Mittleren Shoin-Bau«, das »Musikinstrumenten-Zimmer« und den »Goten-Palast« bis 1649 vollendet; der »Alte Shoin-Bau« hat seinen Namen nach dem im Stil eines → *shoin*, eines Schreibzimmers, gehaltenen Raumes für die privaten Teezeremonien des kaiserlichen Prinzen; der umgebende Landschaftsgarten wies ursprünglich fünf weitere, im → *sôan*-Stil ausgeführte Teehäuser auf

kinin – hochgestellte Persönlichkeit, der als dem Ehrengast als besonderer Platz die Reisstrohmatte vor der Bildnische vorbehalten ist

kirei – »schön«, bezeichnet die Schönheit einer Frau, einer Blume, eines Gartens

kireisabi – zeitgenössische Bezeichnung für den Teehaus-Stil des Kobori Enshû; *kireisabi* wird häufig mit »in sich ruhende, unauffällige Schönheit« übersetzt, bedeutet jedoch, beim Wort genommen, eher eine »durch Schönheit gemilderte, ins Schöne gewendete Verlassenheit«; Kobori Enshûs Gärten zeichnen sich demgegenüber durch eine barocke Fülle an Gestaltungselementen, insbesondere an markanten, die Gartenlandschaft beherrschenden Steinen aus

Kôan – wörtl.: »öffentlicher Aushang«: für den Zen-Buddhismus charakteristische Anekdote von ausgeprägt paradoxem Charakter, an der sich der Verstand so lange abarbeiten soll, bis die Schranken des logisch-rationalen Denkens durchbrochen und damit der Zugang zu einer anderen, nicht von Dualität bestimmten Wirklichkeit erreicht wird; solche Anekdoten sind häufig in die Form eines kurzen Dialogs zwischen Meister und Schüler gekleidet

koicha – der »dicke Tee«, Mittelstück und Höhepunkt einer formellen Teezusammenkunft, ein aus besonders hochwertigem Teepulver durch die Zugabe von nur wenig Wasser unter langwierigem Rühren hergestellter Teebrei

kurosatsuma – »schwarzes Satsuma«: schwarzglasurige Teekeramik, insbesondere Teepulverdosen, aus der *Momoyama*-Zeit, gebrannt in den Öfen der Provinz Satsuma auf Kyûshû

Kyô yaki – in Kyôto beheimatete (Tee-)Keramik, die sich durch reichhaltiges und oftmals farbenfrohes Dekor hervortut

meibutsu – wörtl.: »berühmtes Gerät«, in offiziellen Listen namentlich aufgeführtes kostbares Teegerät, in drei Kategorien unterteilt, von denen die an oberster Stelle rangierende Kategorie der *ômeibutsu* ausnahmslos Stücke chinesischer Herkunft aus der Tang- und Song-Zeit umfasst

Meiji-Zeit – die auf den Sturz des Tokugawa-Shôgunats folgende Periode radikaler Modernisierung Japans, die den Aufstieg des bis dahin rückständigen Landes zu einer militärischen und wirtschaftlichen Großmacht einleitete: 1868–1912

Minishû – eine eigenhändig zusammengestellte Gedichtsammlung des im Übergang von der Heian- zur Kamakura-Zeit lebenden Dichters Fujiwara no Ietaka

Miso-Suppe – traditioneller Bestandteil der japanischen Küche, der auch heute noch zu jeder Mahlzeit dazu gehört:

eine Suppe, die ihren Namen nach einer mit Hefe und Salz fermentierten Gewürzpaste aus gedämpften und gestampften Sojabohnen und Reis beziehungsweise Gerste hat

mizusashi – das Kalt- oder Frischwassergefäß, meist ein keramisches, bisweilen auch ein aus Holz gefertigtes Deckelgefäß; häufig weisen keramische *mizusashi* einen Lackdeckel auf

mizuya – nach der Wasserstelle benannter Vorbereitungsraum für die Teezeremonie, dem Blick der Teegäste durch eine papierbespannte, *sadôguchi* genannte Tür entzogen

*Momoyama-*Zeit – die für die Entwicklung der Teezeremonie höchst bedeutsame Periode zwischen 1673, der Flucht des letzten Ashikaga-Shôguns aus Kyôto und der Einnahme der Stadt durch Oda Nobunaga, bis 1615, dem Untergang der Hideyoshi-Partei in der Burg von Ôsaka: eine von so konträren Tendenzen wie der dem Zen-Buddhismus verpflichteten Spiritualität des Teeweges und einer allgemeinen Hinwendung zu weltlichem Lebensgenuss bestimmte Blütezeit japanischer Kultur

mu – aus dem Chinesischen übernommener daoistisch-buddhistischer Grundbegriff mit den Bedeutungen: »nicht«, »Nicht-Sein«, »Nichts«

mu ga – wörtl.: »Nicht-Ich«, der Zustand der Ich-Losigkeit: eine andere Formulierung für den Zustand der Erleuchtung

mu hin shû – »weder Gast noch Gastgeber«, zum einen der Hinweis darauf, dass es bei einer Teezeremonie keine Unterscheidung zwischen dem – höher gestellten – Gastgeber und seinen Gästen geben soll, zum anderen eine Formel für den Idealzustand einer Teezeremonie, dass sich sowohl Gäste wie Gastgeber als ihrer selbst bewusste Individuen vergessen haben

mu ichi motsu – zum einen eine verkürzte, aber doch gleichbedeutende Formulierung des *hon-rai mu ichi motsu* aus dem Erleuchtungsgedicht des Hui-neng, zum anderen die durchaus auch despektierliche Kennzeichnung für einen Stil der Teezeremonie, der bewusst (oder aus Mangel an den erforderlichen finanziellen Mitteln) auf den Gebrauch von *meibutsu* verzichtet

mu jin zô – »ein nicht zu erschöpfender Schatz«, Überschrift zu einem → *ensô*, dem Symbol der Zen-buddhistischen Erleuchtung

mu shin – das »Nicht-Denken«, der Zustand der Leere des Geistes, der Erleuchtung

Muromachi-Zeit – die Epoche des Ashikaga-Shôgunats (1334–1573)

nagaita – wörtl.: »breites Brett«: eine fast → *tatami*-breite Unterlage für Holzkohlebecken und Kaltwassergefäß bei der Sommer- und nur für Letzteres bei der Winterzeremonie; in beiden Fällen kommt noch ein vasenähnliches Gefäß für die Wasserschöpfkelle und die Nachlegestäbe hinzu; manche Teeschulen benutzen für Winter- und Sommerzeremonien unterschiedlich breite Lackbretter

Nambôroku – die »Aufzeichnungen des Mönches Nambô«, eine erst 100 Jahre nach Rikyûs Tod erstmals veröffentlichte und seinem unmittelbaren Schüler Nambô zugeschriebene Sammlung von Aussprüchen Rikyûs, die vermutlich auf eine ältere, als »Nambô Roku« (»Aufzeichnungen aus dem Süden«) bekannte Fassung zurückgeht

natsume – die Lack- oder Holzdose, die das Teepulver für den dünnen Tee aufnimmt

Nô-Spiel – vom Buddhismus beeinflusste Gattung von Theaterstücken, in denen das gesprochene Wort durch Musik und Tanzeinlagen ergänzt wird, und deren Hauptfigur in der Regel den Geist eines Verstorbenen verkörpert: Theaterstücke also, in denen sich jenseitige und diesseitige Welt begegnen und die, wenn schon nicht in buddhistischen Tempeln, so doch vor allem in Shintô-Schreinen auf besonders gestalteten Bühnen aufgeführt werden

okura – das Schatzhaus eines Klosters, einer Teeschule, einer wohlhabenden Familie, in dem kostbares Teegerät und sonstige Kunstschätze aufbewahrt werden

otomo – der/die Begleiter des Ehrengastes bei einer Teezeremonie, im feudalen Japan einer niedrigeren Gesellschaftsschicht angehörend

Raku-Schale, *raku chawan* – auf den koreanischen Töpfer Chôjirô zurückgehende Teeschalen, die dieser nach den Vorgaben Sen no Rikyûs eigens für den → *wabicha*, den »Tee der absoluten Schlichtheit«, entworfen hat. Chôjirô selbst hat überwiegend schwarzglasurige, daneben auch einige rotglasurige *Raku*-Schalen geschaffen, die sämtlich zu den Berühmtheiten der japanischen Keramik gehören; ein Nachfahre in der dritten oder vierten Generation hat diesem sparsamen Repertoire die weißglasurigen *Raku*-Schalen hinzugefügt; die *Raku*-Familie wird heute in der 15. Generation durch Kichizaemon vertreten und unterhält in Kyôto ein eigenes »*Raku*-Museum«.

roji – wörtl.: »Taugrund«, der aus Trittsteinen bestehende Pfad, der die Gäste von der Wartebank im äußeren Garten bis zum Teehaus führt

sabi – ästhetisch-ontologische Kategorie, die auf einen im Zusammenhang von Schönheit sonst eher gemiedenen Aspekt der Wirklichkeit zielt: auf eine von den Spuren der Vergänglichkeit gezeichnete Schönheit der Dinge; zugleich, auf der Seite des Subjekts, diejenige ästhetisch-spirituelle Einstellung, der es darum geht, auf dem Weg über eine bewusste Hingabe an ebendiese von Vergänglichkeit zeugende Schönheit die Stille des Herzens, des Geistes zu erreichen; aufs engste mit der Kategorie des *wabi* verbunden

sabireru, sabireta machi – »verfallen« beziehungsweise »eine verlassene, ausgestorbene Stadt«

sabishii – ein Adjektiv mit dem Bedeutungsspektrum »einsam«, »öde«, »traurig«, »verlassen«

Samurai – die in unterschiedliche Ränge eingeteilte Klasse der Krieger, des Schwertadels; in der Tokugawa-Zeit übten die Samurai Verwaltungstätigkeiten aller Art aus

sarei – die Teezeremonie in den Zen-Klöstern der Rinzai-Schule

Satsuma-Keramik – eine in der Provinz Satsuma (heute Präfektur Kagoshima) beheimatete Keramiktradition, die bis ins 16. Jahrhundert zurückreicht und vor allem in der *Momoyama*-Zeit Stücke von rustikaler Schlichtheit und verhaltener Schönheit hervorgebracht hat

Sesshin – eine Periode besonders intensiver Meditationsübung in einem Zen-Kloster, heutzutage in der Regel einwöchig

shin-Form – die höchste oder »wahre« Form der Teezeremonie: der formale Stil

shin no daisu – das → *tatami*-breite doppelstöckige Gestell für die »wahre«, die formale Teezeremonie

shin/kokoro – »Herz«, »Geist«: das Innere des Menschen, geistig-seelisch gesehen *shinkokinshû* – eine berühmte, auf kaiserlichen Befehl erstellte Sammlung japanischer Gedichte: die »Neue Sammlung (von Gedichten) aus alter und neuer (Zeit)«

shirohagi – »weißes Hagi«: weißglasurige Keramik aus dem einst von koreanischen Töpfern begründeten Töpferort Hagi im Westen von Honshû

Shôdai-Keramik – von koreanischen Töpfern, die in der ersten Hälfte des 17. Jahrhunderts rund um den Berg Shôdai auf Kyûshû angesiedelt worden sind, begründete Keramiktradition; zu Beginn des 19. Jahrhunderts vom Porzellan verdrängt, in der Mitte des 20. Jahrhunderts wieder zum Leben erweckt

Shôgun – Titel des Inhabers der höchsten politischen und militärischen Gewalt im feudalen Japan (dieser Titel musste zwar vom Kaiser verliehen werden, doch der Kaiser selbst war neben dem Shôgun politisch-militärisch absolut bedeutungslos)

shoin (sho-in) – der im Stil eines Schreibzimmers gehaltene Gästeraum eines traditionellen japanischen Hauses, meist reichen Kaufleuten, *Samurai* und *Daimyô* vorbehalten

shoin no cha – der »Tee im Schreibzimmer«, eine Stilrichtung der Teezeremonie, bei der es vor allem auf die Präsentation kostbaren Teegeräts und sonstiger kostbarer Kunstwerke, z.B. chinesischer Tuschmalereien, ankommt

shoin no daisu – das auch nur → *daisu* genannte doppelstöckige Gestell für die Teegeräte, wie es bei formalen Teezeremonien, insbesondere den im Stil des → *shoin no cha* abgehaltenen, benutzt wird

Shôwa-Zeit – die Regierungszeit des Kaisers Hirohito, 1926–1989, die Periode des »Leuchtenden Friedens«: welche Ironie, welcher Zynismus der Geschichte, dass Japan ausgerechnet unter der Ägide dieses Friedens-Kaisers seinen aus rassischnationalem Überlegenheitsgefühl geborenen Imperialismus mit geradezu unmenschlicher Brutalität durchzusetzen versucht hat

Shukkeien-Park – im Zentrum Hiroshimas gelegener japanischer Landschaftsgarten aus der *Momoyama*-Zeit, von Ueda Sôko entworfen und unter seiner Leitung realisiert

sô – der informelle Stil der Teezeremonie, der durch die Beschränkung auf einfaches Teegerät und dessen schlichte Handhabung charakterisiert ist; die unterste Stufe der drei Stilebenen informell, semiformal und formal

sôan – die »strohgedeckte Hütte« eines buddhistischen Mönches fernab menschlicher Behausungen

sôan no cha – der »Tee in der Einsiedlerhütte«, eine Stilrichtung der Teezeremonie, bei der der Teeraum in Anlehnung an eine strohgedeckte Hütte fernab in den Bergen gestaltet ist

sôshô – Titel des Oberhaupts einer Teeschule

sumidemae – wörtl.: »Asche-Zeremonie«, das förmliche Nachlegen von Holzkohle zu Beginn einer auf mehrere Stunden berechneten Teeveranstaltung

taikai – wörtl.: »Großer Ozean«: eine Sonderform der → *chaire*, die durch bauchigen Korpus mit breiter Öffnung gekennzeichnet ist

Taishô-Zeit – die von innenpolitischen Krisen gekennzeichnete Periode der Jahre 1912 bis 1926, eine Phase des Übergangs zwischen der Meiji- und der Shôwa-Zeit

Takatori-Keramik – auf koreanische Töpfer zurückgehender Keramikstil auf Kyûshû, der heute noch durch zwei Werkstätten, die eine in Koishiwara, die andere in Fukuoka, vertreten wird

tanka – ein fünfzeiliges Gedicht mit der Silbenfolge 5–7–5–7–7
tatami – Reisstrohmatte, der Bodenbelag eines traditionellen japanischen Hauses
Tennô – wörtl.: »Sohn des Himmels«, Titel des japanischen Kaisers
tenmoku-Schale – ursprünglich eine chinesische Art von Teeschalen, trichterförmig, im Gegensatz zu den koreanischen → *ido chawan* eher zierlich, mit kleinem Fuß, stets auf einem Lackständer gehandhabt; innerhalb der Teezeremonie finden sie nur bei Teezusammenkünften für höher gestellte Persönlichkeiten Verwendung
tonosama – Titel eines Lehnsfürsten im feudalen Japan

usucha – der dünne, schaumig geschlagene Tee aus pulverisierten Grünteeblättern

wa, kei, sei, jaku - »Harmonie«, »Respekt«, »Reinheit« und »Stille«, die vier Prinzipien, die laut Sen no Rikyû jede Teezusammenkunft bestimmen sollen
wabi – ästhetisch-ontologische Kategorie, die an der Wirklichkeit das Moment des Schlichten, Zurückhaltenden, Unauffälligen, des Ungekünstelten und Naturbelassenen hervorhebt; zugleich, auf der Seite des Subjekts, diejenige ästhetisch-spirituelle Einstellung, die von der Vorliebe für das Stille und Schlichte, das Unscheinbare bestimmt ist, das sich nicht aufdrängen, erst recht nicht protzen will
wabicha – der von Takeno Jôô initiierte und von Sen no Rikyû zur Vollendung gebrachte »Tee der absoluten Schlichtheit«
wabichajin – ein Mensch, ob nun männlich oder weiblich, der sich und sein Leben dem Weg des → *wabicha*, des vom Geist

des Zen-Buddhismus geprägten, spirituell ausgerichteten »Tees der absoluten Schlichtheit« gewidmet hat
wabishii – ein Adjektiv mit dem Bedeutungsspektrum: »einsam«, »öde«, »verlassen«, »traurig« und »armselig«.

茶の湯

Erläuterung zu den Schriftzeichen *cha no yu*

Die drei japanischen Schriftzeichen auf der Umschlagseite dieses Buches heißen »cha no yu« und bedeuten, wörtlich übersetzt, »heißes Wasser für den Tee«. Dieser Ausdruck ist in Japan die heute noch gebräuchliche Bezeichnung für das, was wir in Deutschland »Teezeremonie« nennen. Außer dem Wort »Teezeremonie« kennen wir im Deutschen auch noch den Begriff »Teeweg«, der die wörtliche Übersetzung des japanischen Wortes »chadô« darstellt. Von diesen beiden japanischen Bezeichnungen ist »cha no yu« die ältere und ursprüngliche. Die Väter dieser Namensgebung, die Teemeister der Higashiyama-Zeit (1483–1490), wollten mit ihrer Entlehnung aus dem Sprachgebrauch der Zen-Mönche die Teezeremonie als Tee-Kunst kennzeichnen, d.h. als die auf langjähriger Bemühung beruhende Kunstfertigkeit, Teeveranstaltungen in dem ihnen angemessenen Rahmen korrekt durchzuführen.

Der Begriff »chadô« (in Zen-typischer Aussprache auch als »sadô« gebräuchlich) ist dagegen erst in der ersten Hälfte des 17. Jahrhunderts aufgekommen. Er setzt die Aufspaltung der Teekunst in den vom Zen-Buddhismus geprägten *wabicha* und den an der konfuzianischen Sittenlehre orientierten *daimyôcha* voraus und stellt den Versuch dar, das beiden Gemeinsame hervorzuheben, dass nämlich die Beschäftigung mit der Tee-Kunst ein lebenslanges Streben nach ethisch-moralischer Vervollkommnung bedeutet.

»Cha no yu« hingegen erweckt den Anschein einer auf Understatement ausgerichteten Wortschöpfung, die unterstellt, dass die in Wahrheit höchst komplexe Teekunst etwas ganz und gar Kunstloses sei, etwas, das jedermann immer schon beherrscht, ohne sich noch eigens bemühen zu müssen, oder andersherum gesagt, dass alltägliche Verrichtungen von Herrn und Frau Jedermann bereits Kunst, vielleicht sogar höchste Kunst seien. Doch wie die Namensgebung »cha no yu« nichts mit den albernen Bestrebungen der westlichen Kunst-Szene des vorigen Jahrhunderts zu tun hat, die Banalität des Alltäglichen in den Rang von Kunst zu erheben, so wenig darf sie als Einladung zur Selbstüberschätzung missverstanden werden. Es gibt da eine bezeichnende Anekdote: Der große Teemeister Sen no Rikyû beantwortete einmal die Frage eines Schülers, was denn die Teekunst ausmache, mit der bündigen Feststellung: »Holz sammeln, Wasser erhitzen und Tee zubereiten«, woraufhin der Schüler erstaunt ausrief: »Aber das kann ich doch längst!« Da soll sich Sen no Rikyû vor seinem Schüler verbeugt und erklärt haben: »Wenn das so ist, dann will ich fortan dein Schüler sein!« Die Kennzeichnung der Tee-Kunst als »cha no yu« ist also durchaus als Aufforderung, als ein gestrenger Imperativ zu verstehen, und zwar dahingehend, das höchst komplexe System von Regeln und Fertigkeiten so vollkommen zu beherrschen, dass es zu etwas so Selbstverständlichem wird wie »Holz sammeln, Wasser erhitzen und Tee zubereiten«, und dabei zugleich, ganz im Sinne des Zen-Buddhismus, den eigenen Geist aus der Sphäre verstiegenen Raffinements und selbstverliebter Könnerschaft in den Zustand einer Schlichtheit und Unmittelbarkeit zurückzuholen, die über das, was sie tut, nicht mehr nachdenkt, schon gar nicht in stolzer Selbstbespiegelung; die vielmehr einfach nur tut, was sie tut.

Danksagung

Unser aufrichtiger Dank gilt vor allem Ueda Sôshi, dem 16. Großmeister der Ueda Sôko Ryû/Hiroshima, der es uns gestattet hat, aus seinem *opus magnum* »Ueda Sôko no Cha« sowie aus dem Ausstellungskatalog »Hideyoshi, Oribe to Ueda Sôko« des Kunstmuseums der Präfektur Hiroshima die uns geeignet erscheinenden Vorlagen für den Großteil der Abbildungen unseres Buches zu entnehmen.

Ebenso gilt unser herzlicher Dank Harada Shôdô Rôshi, dem Abt des Sôgenji in Okayama, für seine Kalligraphie *mu jin zô* sowie sein Einverständnis, eben diese Kalligraphie als Muster einer »Tuschespur« in unser Buch aufzunehmen.

Danken möchten wir auch den beiden Töpfern Jan Kollwitz und Uwe Löllmann für ihre Erlaubnis, aus ihren Werkkatalogen passende Abbildungen übernehmen zu dürfen.

Einen besonderen Dank haben sich Martin Frischknecht, der Herausgeber der »Spuren«, sowie unser Lektor Eckhard Graf verdient, die mit ihren kritischen Anmerkungen und kompetenten Ratschlägen dazu beigetragen haben, dass unser Buch an Lesbarkeit wesentlich gewonnen hat.

Jana und Dietrich Roloff

fotostudio 54

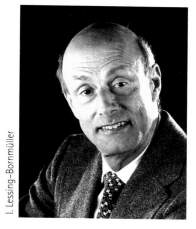
I. Lessing-Bornmüller

Über die Autoren

Dr. Dietrich Roloff, Jahrgang 1934, war nach dem Studium und der Promotion in den Fächern Philosophie und Klassische Philologie einige Jahre lang als Gymnasiallehrer und in der Lehrerfortbildung im Bereich Philosophie tätig. Wenige Jahre nach Beginn seiner Zen-Praxis entdeckte er die japanische Teezeremonie. Er begab sich auf den »Weg des Tees« und absolvierte eine Ausbildung zum Teemeister.

Jana Roloff hat Religionswissenschaft studiert und ist ebenfalls ausgebildete Teemeisterin. Nach einer gemeinsamen Zeit in Japan bauten sie und ihr Mann Dietrich Roloff 2001 die Teeschule CHA ZEN ICHIMI in Hannover auf. Dort ermöglichen sie Interessierten, eine Teezeremonie mitzuerleben, und sie bieten Einzelunterricht an, bei dem man nicht zuletzt auch die komplizierten Anforderungen an den Gast einer solchen Zeremonie zu erfüllen lernt.